GUÍA DE LA VIDA PARA PERSONAS PERDIDAS

Olvídate de Sentirte Perdido y Encuentra tu Lugar en el Mundo para Lograr lo que te Propongas. 2 Libros en 1 - Motivación a Largo Plazo, Cómo Encontrar tu Pasión y Vivir una Vida Plena

ANTOHONY DAVIDSON

Índice

Motivación a Largo Plazo

Cómo Encontrar tu Pasión y Vivir una Vida Plena

Motivación a Largo Plazo

Cómo Lograr Siempre los Objetivos que te Propongas y Obtener lo que Quieres

Índice

Introducción

Probablemente estarás de acuerdo conmigo si afirmo que la motivación se encuentra algo perdida en esta era digital. Las personas se están dejando llevar por las plataformas digitales que bombardean cada segundo con contenido de entretenimiento y que causan adicción, provocando una falta de concentración y motivación.

Por eso, la mayoría de las personas no están cumpliendo con los cuidados propios que requieren ni tomando las responsabilidades que les corresponden, dejan su vida al azar. Probablemente estés leyendo este libro te encuentras en busca de un proceso paso a paso que te permita retomar tu motivación.

Estar aquí, en la primera página del libro, significa que no estás satisfecho con tu vida y con tu rendimiento ahora.

El primer paso siempre es reconocerlo, porque te permite realizar una introspección y saber qué es lo que no te gusta de ti y de cómo llevas tu vida. Una vez que aceptas lo que no quieres, puedes pensar en lo que sí. El primer impulso es en realidad la motivación queriendo manifestarse en su totalidad, pero entiendo que a veces es difícil enriquecerla.

A veces puede que te sientas completamente desmotivado, y eso está bien. En esa situación, permítete sentir la incomodidad, escucha el diálogo interno negativo y luego toma medidas de todos modos. Por ejemplo, digamos que llegas a casa después de un largo día de trabajo y solo quieres relajarte y mirar televisión. En lugar de encender la televisión, reconoce que estás cansado y luego desafíate a leer primero cinco páginas del libro en tu mesa de noche. Este enfoque da espacio para pensamientos y sentimientos negativos, al tiempo que te ayuda a cambiar patrones arraigados.

La motivación es el proceso que explica la intensidad, la dirección y la persistencia del esfuerzo de un individuo para lograr una meta. Las principales características de la motivación son un proceso continuo orientado a objetivos y un fenómeno psicológico que convierte las habilidades en desempeño. El querer y el hacer están ligados por la motivación, pues es el motor que permite que todo gire y funcione de la mejor manera. Tener una meta es aspirar a algo que puedes lograr a través del esfuerzo.

Otras necesidades que pueden considerarse como un punto secundario son el autoestima, el estatus, la afiliación con los demás, el afecto, la generosidad, los logros y la autoafirmación. Naturalmente, estas necesidades varían en intensidad y con el tiempo entre las personas.

No tienes que encontrarte con todos estos aspectos elevados cada día; es humano de repente sentir que tu autoestima o tu afecto se encuentren algo debilitados, pero lo importante es ser consciente y capaz de cambiarlo. No esperes que todos los días de tu vida estés en las mejores condiciones, porque hay cosas que no podemos controlar del todo.

"Motivación" es un término general que se aplica a toda la clase de impulsos, deseos, necesidades, deseos y fuerzas similares. Por esto mismo, la motivación puede tomar tanto un camino positivo como uno negativo, así que tenemos que reflexionar acerca de nuestros deseos y el por qué de ellos.

Pero primero, probemos si este libro es el adecuado para ti después de leer lo siguiente:

· Este libro es para escritores, diseñadores, cinematógrafos, artistas o creativos que necesitan algunas tácticas de motivación personal, esa chispa de motivación.

· Para aquellos que están empezando una nueva carrera o pretenden dedicarse a algo nuevo, pero que no se sienten realmente emocionados sino más bien abrumados.

· Para las personas creativas que quieren terminar proyectos importantes, pero se encuentran desmotivadas así que procrastinan y lo hacen tarde.

· Para las personas creativas que han perdido su emoción y pasión por lo que hacen.

· Para las personas que se encuentran sufriendo una crisis existencial y no tienen nada de motivación en la vida.

· Para las personas que están confundidas acerca de qué pasos tomar para motivarse.

· Para las personas que no saben cómo mantener la motivación después de su punto más alto.

· Para las personas que se frustran porque siempre pierden su motivación.

· Para personas como tú, que quieren motivarse, para ser mejores.

Si te identificaste con algún punto, está bien. No te encuentras perdido ni nada por el estilo.

Ya sea que estés empezando una carrera nueva, seas un diseñador, escritor, artista o lo que sea que desees hacer, esto es lo que te puedo asegurar: la motivación no es algo que surja por cuestión de suerte. Para entender mejor esto, debemos empezar con las dos mentiras más grandes acerca de la motivación…

1

Las Dos Mentiras más Grandes
Acerca de la Motivación

SIN MOTIVACIÓN, nuestras metas morirán. Sin ella, nuestra vida se siente fría y sin propósito. Es por eso que, la motivación es el área más importante para dominar y así poder sentirnos vivos, despertar siempre con emoción y lograr nuestras metas. Pero nunca se nos ha enseñado de esa manera.

Nunca se nos enseñó cómo organizar sistemáticamente las estrategias accionables, paso por paso. No sabemos cómo usarla cuando realmente la necesitamos. Ni siquiera sabemos qué es lo que alimenta la motivación ni de dónde surge.

Se espera de nosotros que tengamos motivación todo el tiempo, pero al mismo tiempo no nos educan desde una temprana edad para entender y hacer crecer la motivación.

· · ·

Desarrollamos habilidades que se consideran importantes, pero la motivación se queda estancada en la desinformación.

Y obviamente el resultado es que nos lleva, a nosotros los creativos que buscamos más de la vida, hacia una de las más grandes mentiras que hemos creído como verdad, convirtiendo nuestra motivación en polvo. Es momento de desmentirlas.

Mentira #1: la motivación sólo aparece por cuestión de azar

La motivación no sucede por casualidad, como cuando estás mirando una película y de repente una idea surge. Si dejas tu motivación únicamente en manos de la suerte, sólo de vez en cuando tendrás momentos de "iluminación" y el resto de las veces te encontrarás con muchos momentos horribles de desmotivación que te costarán valiosas cantidades de tiempo y felicidad.

Es verdad, a veces una película puede evocar ciertos recuerdos o ciertas ideas que pueden servirte para crear algo, pero no es la motivación que ayuda realmente.

. . .

Esperar por la llegada sorpresiva de la motivación en vez de hacerte cargo de la situación es un grave error para las personas que están iniciando su camino al crecimiento personal. Deja de depender del azar para tener motivación.

En lugar de eso, hazte cargo de tu motivación a través de un diseño o planeación (conceptos que se explicarán detalladamente más adelante).

La motivación es el deseo de actuar al servicio de una meta.

Es el elemento crucial para establecer y alcanzar los objetivos de uno, y las investigaciones muestran que las personas pueden influir y mejorar sus propios niveles de motivación.

Saber que tú mismo puedes aportar al desarrollo de tu motivación, y no sólo eso, sino que tú eres la única persona que está a cargo de eso, realmente es un alivio a pesar de saber que no es trabajo fácil.

La motivación puede surgir de una variedad de fuentes. Las personas pueden estar motivadas por incentivos externos, como la motivación para trabajar por una compensación, o el disfrute interno, como la motivación para crear obras de arte en el tiempo libre.

· · ·

Otras fuentes de motivación incluyen la curiosidad, la auto-
nomía, la validación de la identidad y las creencias de uno,
la creación de una imagen positiva de sí mismo y el deseo de
evitar pérdidas potenciales.

Mentira #2: La motivación surge al seguir investi-gando y mantenerte ocupado.

¿Has estado ocupado con tu trabajo, pero no sientes un
propósito o emoción creando tu arte? ¿Estás saltando de
proyecto en proyecto sin sentirte completo o satisfecho?

¿Incluso hiciste más investigaciones, digamos que estás
cambiando de carreras o empezando un negocio, pero aún
así estás estresado porque estás sobre analizando el aspecto
del "cómo"? Entiendo.

Sin embargo, estar ocupado a menudo significa que trabajas
horas extras y tienes la ilusión de que tienes menos tiempo
del que realmente tienes. Esto puede evitar que termines tus
tareas y aceptes el desafío de tareas más largas o extendidas.

De alguna manera, en estos días estar ocupado significa
tener éxito, para algunas personas. Pero no tendrás éxito si
estás ocupado, tendrás éxito si eres productivo.

· · ·

Sí, la productividad y el ajetreo son diferentes, pero la mayoría de la gente piensa que son lo mismo. Productivo por definición significa "lograr una cantidad o resultado significativo", mientras que ocupado es "tener mucho que hacer o mantenerse ocupado". La verdadera diferencia entre los dos es que la productividad produce resultados.

Estar ocupado solo significa usar (o en algunos casos perder) mucho tiempo y probablemente no obtener el resultado final que está buscando.

Hacer más no es el secreto para hacer surgir y mantener la motivación a largo plazo. Cuando tus niveles de estrés superan tus propios límites debido al exceso de trabajo e información recopilada, la felicidad se estanca y la motivación baja hasta el punto de desaparecer. No serás capaz de producir un trabajo del que estés orgulloso si te encuentras estresado y fatigado, es un hecho.

Si una tarea, proyecto u objetivo es importante para ti, encontrarás la manera de incorporarlo a tu línea de tiempo o itinerario. Tener tres o cuatro prioridades te permite mantenerte enfocado y trabajar para lograr el resultado deseado. Tener 20 prioridades crea un dolor de cabeza y no te da tiempo para completar nada. Entonces, cuando te quedes sin tiempo, pregúntate si has priorizado demasiado.

. . .

Las personas ocupadas ocultan su falta de concentración creando una lista más larga de cosas que deben hacerse. No hay un sentido de dirección en sus acciones, solo una multitud de cosas que consumen su tiempo. Las personas productivas tienen una misión. Sus acciones están impulsadas por la decisión consciente de lograr un resultado particular y todo lo que hacen está orientado hacia ese resultado.

Documentar tus decisiones puede ser una de las mejores cosas que puedes hacer. Te permite comprender claramente cómo tus acciones están teniendo un impacto en tu vida y qué debes hacer para progresar. Tomar una acción sin sentido no produce muchos resultados. Vivimos en un mundo donde las personas están más interesadas en actualizar sus redes sociales que en monitorear proactivamente su crecimiento personal. No caigas en la trampa. Asegúrate de que todo lo que hagas esté inspirado en tu misión personal y en la meta que has establecido.

La verdad acerca de la motivación

Estos dos mitos desmentidos no son a respuesta de la que deberías depender, pero debido a toda esa información saturada que bloquea nuestro ejercicio de pensamiento y de creatividad, no nos hemos dado cuenta de que sólo estamos corriendo, dando vueltas haciendo las tareas no esenciales o primordiales que no nos permiten avanzar con nuestros objetivos en lo absoluto. En lugar de eso, sólo provocan que la energía se desgaste en proyectos que no tendrán futuro.

Llegamos a las emociones automáticamente negativas de corto plazo y nos detenemos. Pero, si sólo pudiéramos darnos cuenta y avanzar a través de esas desgastantes emociones, y mirar hacia un futuro más emocionante, quizá seremos capaces de sobrepasarlo e incluso convertirnos en unos expertos de la motivación y hacerla surgir en el momento que queramos. Una vez que entiendas a lo que se refiere este párrafo, será el fin de la miseria desmotivadora.

Nuestra carga de trabajo diaria a menudo nos llega a un ritmo interminable, y las tareas generalmente se plantean como urgentes e importantes, pero la vida es más que simplemente luchar contra la carga de trabajo diaria. Para lograr tus sueños, debes trabajar en tu plan y prioridades en lugar de establecer metas. Las metas son la parte más importante del plan y describen lo que deseas lograr.

También brindan enfoque porque una vez que tienes un objetivo claro en mente, puedes volver a dedicarte y descuidar con confianza las ideas que no contribuyen a tu éxito.

Algunas metas se centran en lograr algo en un momento determinado, como leer un libro determinado antes de fin de mes. Si la meta es demasiado grande, dividela por año, trimestre, mes e incluso semana. Las metas de resultado tienden a ser más difíciles de alcanzar y, por lo tanto, más frustrantes si no se alcanzan, pero también brindan la orientación más clara e importante.

Sé honesto contigo mismo: ¿estás dónde quieres estar?, ¿aún no? Entonces hagamos un cambio, comenzando hoy. Inténtalo ahora: te sorprenderás de lo divertido que puede ser establecer tus metas una vez que comiences. Así que toma un bolígrafo y una hoja de papel, siéntate y sumérgete en una seria sesión de revisión y planificación. Yo te acompañaré en este proceso para que puedas lograr todo lo que te propongas.

2

Las Bases De La Motivación

LA MOTIVACIÓN ES el área más importante y principal del crecimiento personal y control emocional. Sin motivación, no hay crecimiento. Sin motivación, no hay fuerzas para seguir adelante. Sin motivación, no hay manera de recorrer el inicio de tu carrera.

Con la elección de tu arte, debes tener también motivación.

Para llegar a tus clientes predilectos, es necesario que te motives a ti mismo. Incluso para ser un buen papel en un equipo, es necesario tener motivación.

Para ser un mejor comunicador y líder para tu equipo, necesitas estar muy motivado. Para darle amor incondicional a tu pareja, necesitas generar motivación.

. . .

En realidad, en todos los aspectos de tu vida, para triunfar en cada uno, es de vital importancia estar lo suficientemente motivado.

Entendiendo la ciencia de la motivación

A pesar de que se sabe que la motivación no es cualquier cosa, la mayor parte del tiempo, las personas no se dan cuenta de que la motivación está respaldada por investigaciones científicas y hechos corroborados. Esto significa que hay reglas que, de ser violadas, te encontrarás desmotivado sin importar qué más hagas.

Tienes entonces dos opciones frente a ti. La primera es a través de la suerte o el azar pero que, como ya he mencionado antes, lo ideal es no depender por completo de esta opción. La segunda es a partir de un diseño. Esa es la mejor jugada, amigo creativo y artista.

Enciende tu motivación a partir del diseño y no de la suerte

Cada día de la semana, elijo motivarme a partir del diseño porque es lo que está en mi control. Es tiempo de empezar a creer que tú eres quien está a cargo de tu motivación.

. . .

Entonces, todo se resume al hecho de que tú empiezas a estar consciente de esas acciones basadas en investigación que hacen surgir, mantener y liberar tu motivación, y lo puedes poner en práctica de inmediato.

Investigaciones y estudios neurocientíficos acerca de la motivación:

· Así como los estudios acerca de la motivación siguen avanzando, un estudio de neurociencia encontró evidencia acerca de cómo una mentalidad de crecimiento está indudablemente ligada a los niveles de motivación en el ser humano. Un cambio de mentalidad puede llegar a permitir un cambio en las conductas relacionadas a la motivación personal.

· La motivación depende fuertemente de los reconocimientos intrínsecos y extrínsecos y nos permite mantener y elevar los niveles de motivación. Algunos ejemplos de reconocimientos pueden ser el alcance de un objetivo o meta, competencia, logros, y crecimiento personal.

· También se ha descubierto que el dolor y el placer son considerados los principales motivadores de la conducta humana, ya sea de manera positiva o negativa.

· El resultado de un estudio realizado a varias personas mostró un incremento en los niveles de felicidad después de cumplir con un programa de ejercicio psíquico con ocho semanas de duración.

· Establecer metas y darle seguimiento y análisis a tu progreso tiene un gran impacto motivacional. Es necesario que ambos aspectos se trabajan en conjunto.

· Un concepto que la psicología llama "fluir" que es envolverse por completo en una actividad que requiera concentración y presencia.

· Tener altas y específicas ambiciones y metas llevan a disfrutarlo más profundamente, y tener mayor productividad y motivación.

· Los profesionales en estas áreas suelen tener altos niveles de motivación ya que realizan actividades que los satisfacen, desarrolla su competencia, y les da una visión de vida llena.

Estos son sólo algunos de los muchos estudios y experimentos que se han hecho en la neurociencia y la investigación acerca de la motivación que ha mejorado a lo largo de los años y que nos ofrece pistas sobre cómo la motivación surge, se mantiene y se expande.

Lo que me emociona compartir contigo es la estrategia que he creado basándome en la ciencia y los estudios acerca de la motivación. Considero que será un cambio positivo para cuando necesites un empujón de ayuda para cumplir tus sueños.

He organizado todo para que sea sencillo de comprender, fácil de seguir y estas estrategias te servirán para los puntos de inflexión en la creación de tus obras, sea cual sea tu área de desempeño.

· · ·

Una vez que hagas contacto con esta fórmula de tres pasos, y la practiques diariamente con tu intención más genuina, nunca te faltará pasión.

Los capítulos siguientes

Ahora que sabemos que hay estudios acerca de la motivación que demuestran cómo la motivación es vital en nuestras vidas, estamos a punto de sumergirnos por los capítulos que profundizan en el control y manejo de la motivación.

Descubrirás las estrategias que juegan un papel importante en la transformación de tu energía y pasión, y después aprenderás los tres pasos que harán florecer la motivación que hay en ti, donde sea y cuando sea que tú lo desees.

Las personas que son profesionales en lo que hacen saben qué las motivan. Las personas que revolucionaron sus respectivas industrias, como muchos famosos a nivel mundial que te pueden venir a la mente.

El resto de las personas extraordinarias que nos inspiran siempre, saben cómo motivarse a ellas mismas para tener sus ideas geniales y que se manifiesten en la realidad.

. . .

Podemos aprender verdaderamente de ellas, y no es solamente porque son inteligentes, sino también porque podemos acercarnos a observar cómo realizan su trabajo.

De igual manera, podemos aprender mucho de cómo miran esas personas sus creaciones y qué les inspira para despertar cada día y estar motivadas. En realidad, todo el mundo tiene la misma cantidad de horas cada día, pero las aprovecha de diferentes maneras.

Todos tenemos nuestros propios dones. Ahora depende de nosotros cómo nos vamos a motivar a nosotros mismos para mantener nuestras fuerzas y producir las ideas necesarias para lograr nuestras metas y crear lo que siempre hemos soñado.

Estrategias basadas en la neurociencia

La primera estrategia que me emociona compartir es la de "los 7 principios para dominar la motivación".

Esta estrategia apoya el proceso de la estrategia de tres pasos hacia la motivación, y una vez que hayas comprendido eso, te encontrarás inmediatamente en un nivel muy alto del alcance a la motivación.

· · ·

Descubre cuáles son los 7 principios para dominar la motivación.

3

Tener una Meta Clara para Dirigir la Motivación

Establecer tu meta prioritaria requiere de una profunda introspección para saber qué es lo que realmente deseas ser. Como he mencionado en el capítulo anterior, cuestionarse a uno mismo es el primer paso, pero antes de trabajar con tu motivación necesitas conocer el impulso mayor que te permitirá recorrer ese camino. A continuación, te presentaré una serie de pasos sencillos para plantear tu meta y poder empezar con ese cambio que tanto deseas.

Paso 1: Recuerda tu visión e identifica todos los posibles objetivos que se le atribuyen.

Idear profundamente. Nuevamente, el establecimiento de metas es el paso más importante en la planificación. En comparación con sólo recopilar tareas, con los objetivos, primero estás dando un paso atrás al separar el resultado deseado de su ejecución.

Primero, obtén claridad sobre lo que deseas lograr. Luego, encuentra las mejores formas de llegar allí. Establecer metas no es una tarea fácil. Tómate tu tiempo y elige sabiamente. Asegúrate de incluir diferentes aspectos tanto de tu profesión como de tu vida.

Algunas preguntas de ejemplo para inspirarte durante este paso:

·¿Cuál es tu objetivo más importante este año? ¿Este mes? Alternativamente, ¿qué es lo principal que deseas lograr en los próximos 100 días?

· Al revisar todo lo que funcionó bien en el pasado, ¿qué podrías seguir haciendo o aumentar?

· ¿Qué podrías hacer para mejorar sustancialmente tu posición en todos los aspectos?

· ¿Qué podrías dejar de hacer ahora mismo que sea perjudicial para tu visión y valores fundamentales, tu salud física o financiera, tus relaciones y asociaciones o tu felicidad?

Piensa en grande y esfuérzate. Existe una tendencia a hacer que las metas sean lo más "realistas" y "alcanzables" posible. Ese debería ser tu punto de partida, pero debes estirarlo mucho más. Sal de tu zona de confort. Siéntete seguro de que puedes y lograrás tus sueños.

Comenzar con el fin en mente. ¿Cuál es tu resultado deseado?

Llega a la raíz de por qué quieres alcanzar una meta.

¿Has identificado uno que vale la pena resolver? ¿De verdad quieres resolver esto? ¿Es esto algo que puedes hacer o es una de tus fortalezas? Una vez decidido, imagina tu objetivo y todos los beneficios reales que conlleva alcanzarlo. Cuanto más personal sea, mejor. Cuantos más beneficios le otorgues a cada uno de tus objetivos, es más probable que sigas trabajando para lograrlo con todos tus esfuerzos.

Paso 2: Elige tus objetivos más importantes para el próximo período y dales forma.

Elige algunas metas con las que estés comprometido, en lugar de enumerar todo lo que crees que debes hacer por obligación. Divide cualquier objetivo importante en objetivos más pequeños. La mayoría de las investigaciones respaldan la idea de que establecer metas a corto plazo es más útil que mirar el panorama general. Por lo tanto, es mejor dividir los objetivos en objetivos mensuales o semanales más pequeños, incluso si tienes una lista más grande de objetivos a largo plazo.

Debes ser específico y claro. Se concreto. Piensa en cosas particulares que desees emprender o lograr, no metas demasiado abstractas para comprender.

· · ·

Entonces, en lugar de "Encuentra la felicidad en la vida", intenta "Conviértete en un padre amoroso y afectuoso". Una forma de comprobar si tu objetivo es lo suficientemente claro es preguntarte: ¿cómo sabré cuando he alcanzado mi objetivo? ¿Cómo mediré el éxito?

Paso 3: Planifica proyectos y tareas individuales para alcanzar este objetivo y el período en el que se abordan y por quién.

Concéntrate en lo que se necesita hacer. Cada pequeño logro en el camino elevará aún más tu moral. Divide tu objetivo en pequeños pasos individuales como tareas, agrupadas por proyectos o hitos. Los profesionales llaman a esto estructura de desglose del trabajo.

Una vez establecida, ahora surge la disciplina clásica de la gestión de proyectos. Te estás preparando para la acción. La planificación es necesaria, incluso si las circunstancias pueden cambiar porque, por supuesto, aunque hemos escuchado, "Ningún plan de batalla sobrevive al contacto con el enemigo", también dicen, "no planificar es planear fallar" y "siempre puedes cambiar tu plan, pero solo si tienes uno ".

¿Cuáles son los obstáculos o desafíos sobre los que debes planificar? Algunos pueden ser obvios a primera vista, pero otros pueden presentarse en muchas formas diferentes:

· Creencias: cuando tengas una creencia que impida un progreso constante, escríbela. A menudo, cuando te encuentras diciendo cosas como "Si tan sólo tuviera ..." o "Si eso fuera posible ...", esas son las frases que debes escribir. Una vez escrito, esfuérzate por disipar esas creencias limitantes. Encuentra cualquier evidencia positiva contra ellos y piensa en cómo se formaron las creencias en primer lugar. A veces, la información que encuentres mientras investigas esa creencia en particular ya la destruirá. Otras veces, es posible que debas crear un evento que contradiga tu experiencia anterior para ayudar a borrar esa creencia limitante.

· Hábitos: Como seres humanos, todos formamos malos hábitos en la vida que podrían necesitar una reprogramación en el camino. Piensa en esas cosas rutinarias y subconscientes que podrían obstaculizar tu progreso, es decir, comer tarde en la noche cuando tu objetivo es perder peso.

Teniendo claros estos puntos acerca de las metas y objetivos, es momento de adentrarse al contenido principal del libro: la motivación.

4

Los 7 Principios Claves para estar Altamente Motivado

Antes de que entremos al proceso de los tres sencillos pasos hacia una deslumbrante motivación, quisiera empezar primero con este capítulo ya que considero que será revolucionario para ti y tu motivación.

Estos son mis ingredientes para la receta llamada "motivación" que aprendí de personas profesionales y de la neurociencia, que debes comprender profundamente para ser capaz de sentirte preparado y lograr el proceso de tres pasos.

Los 7 principios son: entornos estimulantes, certeza absoluta, estado físico, concentración imparable, creer en ti mismo, ambiciones altas, y un futuro convincente. Una vez que dirijas tus acciones hacia estos poderosos principios que estás por conocer a fondo, tu motivación empezará a surgir.

. . .

Un futuro convincente

Nosotros necesitamos ese futuro que nos emociona, no necesariamente que tengamos que lanzarnos a él, sino por el contrario, un futuro que nos atraiga como un imán. Todos nosotros necesitamos de ese futuro convincente que es profundamente personal para nosotros. Un empresario se encuentra motivado por una razón.

Por ejemplo, una empresaria que tiene muy vívidamente la visión de su negocio de modas. Ella puede ver cómo quiere que las prendas estén arregladas estéticamente. Cada día, ella siente cómo la textura de la tela de sus productos se verá y se sentirá.

Eso es la motivación intrínseca y la motivación extrínseca recorriendo sus venas, emocionandose por despertarse todos los días y hacer las tareas importantes para movilizar su vida y alcanzar su meta.

Ambiciones altas

¿Cuál es el comienzo de cada logro? El hambre. El deseo es el inicio de cualquier logro, mientras mayor sea el deseo, mejor.

. . .

Alzar nuestras expectativas nos hace estremecernos de emoción como si algo grande estuviera en camino, la gran motivación.

Los artistas ambiciosos no son llevados necesariamente por la magnitud de sus metas, pero es emocionante para el proceso poseer esa ambición, sin importar qué se encuentra frente a él.

El verdadero propósito de sus sueños más grandes es poder jugar el juego que lo apasiona durante más tiempo, lo que significa más tiempo también para su felicidad.

Aquí te doy 10 razones por las que nunca debe subestimar el valor de ser ambicioso:

1. La vida está aquí para tomarla, pero tú tienes que alcanzarla.

Los tesoros de la vida normalmente no se nos entregan, pero tampoco todos requieren una cantidad increíble de trabajo.

Algunas cosas sólo requieren un poco de persecución.

. . .

Puede ser un cliché, pero gran parte de la vida se les da a los hacedores, no a los que esperan. Esto no siempre es obvio hasta que hacemos un esfuerzo.

¿Cuáles son las posibilidades de que obtengamos lo que queremos si no buscamos lo que queremos? Si esperamos influir en la calidad de nuestra vida, debemos desempeñar un papel activo.

A veces ni siquiera sabemos que somos buenos en algo hasta que lo intentamos. Incluso podemos descubrir pasiones inesperadas al probar cosas nuevas. Todo está ahí para nosotros. Solo tenemos que estar dispuestos a salir y perseguir nuestras aspiraciones.

2. La ambición es más importante que el talento

No controlamos con qué características físicas nacemos, pero podemos elegir qué tan entusiastas estamos dispuestos a ser. La ambición por sí sola no garantiza el éxito, pero incluso un gran talento sin ambición no es nada.

La ambición es como el motor para este automóvil llamado vida. No importa qué tan aerodinámico, poderoso o elegante sea el automóvil, sin el motor es sólo un bulto gigante que no va a ninguna parte.

La acción deliberada conduce a la habilidad. Nunca sabremos qué grandes talentos podríamos descubrir hasta que salgamos valientemente de nuestra zona de confort.

3. La ambición lleva naturalmente a los atributos que son esenciales para el éxito.

Cuando somos ambiciosos, buscamos alcanzar un objetivo. Siempre que escojamos una meta que nos interese, los efectos secundarios positivos de este viaje son abundantes. Desarrollamos una serie de características importantes.

· Persistencia: cuando estamos entusiasmados con una idea, es menos probable que dejemos que los obstáculos y los fracasos nos detengan.

· Experiencia: aprendemos a tomar buenas decisiones en los grandes asuntos cometiendo primero muchos errores en los pequeños asuntos.

· Disciplina: cuando nos centramos en un objetivo, nos preocupamos más por una visión que por lo que piensan los demás, por lo que desarrollamos una inmunidad natural frente a los críticos.

· Determinación: cuando estamos demasiado ocupados haciendo algo de nosotros mismos, no tenemos tiempo para pensar en excusas.

· Creatividad: la ambición produce entusiasmo, que conduce a la creatividad, ya que nuestra imaginación es alimentada por nuestra emoción.

· · ·

No todos los esfuerzos producirán resultados, pero cuanto más ambiciosos seamos, mayor tendencia tendremos a desarrollar estos asombrosos atributos.

4 - Podemos elegir ser ambiciosos con todo lo que nos rodea.

¿Te apasiona alguna habilidad? ¿Por qué no mejorar? ¿Tienes una causa favorita? Vuélvete loco. ¿Son tus hijos el centro de tu universo? Conviértete en el mejor padre.

Lo que elegimos perseguir es completamente personal. Podemos decir mucho sobre lo que las personas valoran por su compromiso con alcanzar al menos algún nivel de logro. Piénsalo. Todos están entusiasmados con alguna idea, por lo que perseguir esa idea no puede ser más que puro disfrute, incluso si fallamos. Esa es la belleza de elegir nuestras propias metas.

Muchas vidas se pasan simplemente siguiendo los pasos de otros o persiguiendo el sueño de otra persona sin otra razón que la falta de imaginación. Una vez que reconocemos este hecho, comenzamos a apreciar lo agradable que es la vida simplemente persiguiendo lo que amamos.

· · ·

5 - Cada gran historia de éxito tiene la ambición como denominador común.

Cada gran historia de éxito, cada biografía increíble, cualquier logro alucinante que hayamos escuchado; todos tenían la ambición como uno de sus elementos centrales.

El camino hacia algo grande no se puede alcanzar sin ambición.

Un fuerte deseo combinado con la intención está llevando a las personas a marcar historia a nuestro alrededor todo el tiempo. Deberíamos preguntarnos: "¿Por qué no nosotros?" ¿Estamos en este juego llamado vida o simplemente un espectador viendo a otros divertirse? Tenemos la oportunidad de elegir. Pero debemos tener cuidado. Si elegimos no hacer nada, eso es exactamente lo que obtendremos.

6 - La ambición proporciona claridad.

¿Esta elección me acerca a mi objetivo? Si no es así, ¿por qué lo hago? Si nuestras acciones no están inspiradas por algún propósito, las decisiones que tomamos pueden confundirse rápidamente. Sin embargo, cuando definimos una meta, deseamos alcanzarla y actuamos de acuerdo con esos deseos, estas elecciones son fáciles.

Lo que es deseable pero inalcanzable para los desmotivados es simplemente un destino para los ambiciosos. Con verdadera ambición, nuestros mayores objetivos se convierten en objetivos en lugar de meras esperanzas y sueños, que es una forma mucho más agradable de atravesar la vida.

7 - La vida es más emocionante con la ambición.

Siempre deberíamos luchar por algo. Una vez que nos detenemos, nuestras vidas carecen de sentido. Una vida que no persigue un sueño es como un balde de fuegos artificiales que nunca se enciende. Todo el potencial, emoción, diversión; todo en vano.

Imagínate hacer una pequeña apuesta en un caballo con la posibilidad de ganar en grande. Incluso si perdemos, es mucho más emocionante estar en la carrera con algo en juego, especialmente cuando compartimos ese entusiasmo con los demás. Si no dejamos algo, simplemente estamos viendo la emoción de los demás. ¿Qué tipo de vida es esa?

En el peor de los casos, tenemos una historia divertida sobre el fracaso y nunca nos quedamos preguntándonos qué pudo haber sido. Pocas personas llegan al final de su vida lamentando las cosas que intentaron. Ser ambicioso es casi completamente positivo.

8 – La ambición trae consigo satisfacción.

Uno de los elementos más gratificantes de la vida es proponerse una meta digna y difícil y alcanzarla después de una larga lucha.

No hay éxito sin ambición. E incluso si lo hubiera, qué lástima sería llegar al éxito con facilidad. No tendríamos la satisfacción ni el orgullo de haber superado un desafío. Podemos optar por evitar metas difíciles en nuestra vida, pero si es así, debemos aceptar que nunca compartiremos el placer de la victoria.

9 - Tratar de cumplir un objetivo digno es construir carácter.

La fuerza proviene de enfrentar las dificultades y resistir con éxito. Así es como construimos músculos, cómo desarrollamos el coraje y cómo evoluciona la vida misma. Estos rasgos no están disponibles para quienes permanecen inactivos.

Debemos aceptar que debemos ser débiles antes de volvernos fuertes. Es parte del proceso. Toda gran hazaña comenzaba con pequeños pasos, a menudo empañados por las dificultades.

El crecimiento proviene de negarnos a permitir que la adversidad controle nuestro destino, y no hay mejor manera de realizar esto que esforzándose por lograr un objetivo que valga la pena.

10 - Considere la alternativa.

Considere las palabras que definen a alguien que carece de ambición: torpe, vago, conformista, dependiente, aburrido, lento. Ninguno de estos debería sonar ni remotamente atractivo. Deberían hacernos sentir incómodos.

Creer en ti mismo

No es tan necesario que creas que puedes alcanzar tu meta cuando apenas estás empezando a dibujarla en tu mente, pero tener la creencia de que puedes averiguar las cosas y solucionarlas en el camino es muy importante al iniciar un recorrido, especialmente en una nueva carrera.

Todos somos aventureros cuando empezamos algo. La pregunta sería si estás confiado en que si, con el entrenamiento necesario, conocimiento, tiempo y esfuerzo puedes salir adelante, aprender y lograr esas pequeñas batallas a lo largo del camino.

. . .

Necesitas ser un aventurero confiado para ganar esa guerra acerca de la motivación, porque no será un camino fácil ni corto.

Concentración imparable

Un escritor que es prolífico, productivo, y con una alta motivación es producto de su concentración. La concentración mantiene la motivación.

Ese es el juego al que nos estamos enfrentando. Después, revelaré cómo adquirir esa concentración cuando tienes miedo de empezar.

Muchos tienen miedo de empezar porque ven su trabajo como estrés. Se estresan a sí mismos y piensan que tienen que trabajar ocho horas en un proyecto cuando ese ni siquiera es el caso.

Un escritor productivo sabe cómo engañar a su cerebro para empezar porque sabe que nada más necesita de concentración para producir una obra de arte.

Estado físico

. . .

Cuando una bailarina escucha la música, comienza a bailar. Se vuelve consciente de sí misma y su cuerpo, se mueve y de repente, se siente grandiosa.

Una vez que cambies tu estado físico con movimientos corporales, cambias tu estado mental también.

Además del hecho científico de cambiar tu estado físico para cambiar tu ánimo de miedo, escuchar música en la mañana conforme te vas moviendo, ayuda a liberar esas emociones positivas también.

Certeza absoluta

Debemos ser como el líder certero, aunque suele sobreanalizar las cosas, es capaz de liberarse de la mentalidad sobre analítica rápidamente, cambiar la historia y alcanzar la claridad.

Cuando conoces al menos los pasos uno, dos y tres hacia tu meta, sin tener todos los pasos en mente, te sentirás motivado. Es debido a que la certeza que necesitas como ser humano ha sido satisfecha únicamente con los primeros pasos.

. . .

De igual manera, el líder certero le provee a su equipo pasos claros para que se sientan motivados, y realiza progresos con propósito.

Entornos estimulantes

No importa cuánto leas e investigues, ahogar gente te hará sumergirte también. No te vayas por ese lado.

Conviértete en un buscador de dominio, que está rodeado de artistas ambiciosos, emprendedores emocionados, escritores productivos, aventureros confiados, y líderes certeros.

El espacio de trabajo donde realices tu arte, tu círculo interior, y de quiénes aprenden; diseña todo eso de cierta forma que te ayuden a ser más valiente y una mejor versión de ti mismo, no lo contrario. Es momento de hacerse cargo.

A una página de la fórmula de tres pasos para la motivación

Ahora que entiendes la ciencia detrás de la motivación y las 7 estrategias por las que debes alinear tu actitud y tus acciones, es tiempo de los capítulos principales, los que cambian el juego.

En el próximo capítulo, prepara una libreta de notas y un lápiz, porque para aprovechar el poder de los tres pasos sencillos para convertirte en un experto de la motivación, debes aprender activamente todo y practicar.

Puedes hacer eso tomando notas, haciendo los ejercicios, y comprometerte con las prácticas que estoy por revelar y compartir contigo.

Por último, déjame por fin mostrarte esta fórmula de tres increíbles y sencillos pasos.

5

Los Tres Sencillos Pasos Hacia La Motivación

Bienvenido a los tres sencillos pasos para estar motivado. La clave para poder dominar la motivación recae simplemente en las siguientes palabras: surgir, mantener y estirar.

Esas poderosas palabras son todo lo que necesitamos para recordar empezar a convertirnos en profesionales de nuestras propias industrias o áreas de especialización.

Te preguntarás qué significa surgir, mantener y estirar. Sigamos avanzando.

Cuando tuve un gran altibajo y me sentí derrotado justo antes de empezar mi carrera de escritor, realicé una intensa investigación acerca del dominio de la motivación y la energía porque sin esas dos cosas, sabía que mis metas iban a morir.

Sabía que no sería capaz de producir mi arte y mis obras en el futuro si no podía producir trabajo de calidad con alegría. Y todo eso requiere de una motivación sostenida a largo plazo.

Surgir, mantener y estirar la motivación es simplemente llamado el dominio cíclico de la motivación que involucra tres pasos secuenciales.

Primero tienes que hacerla surgir cuando tienes 0 motivación. Después, tienes que ser capaz de sostenerla para que puedas tener un progreso a lo largo del recorrido.

Finalmente, debes aprender a cultivar esa motivación y estirarla para que se convierta en una verdadera gran motivación a largo plazo.

Tiene que realizarse secuencialmente para que puedas maximizar tu energía y productividad.

De igual manera creé una pequeña trampa, si podemos llamarla así, de este proceso de tres pasos que verás luego en el siguiente capítulo. Para empezar, vamos a profundizar en cada uno de los pasos primero; surgir, ¿qué crees que significa hacer surgir tu motivación?

. . .

Haz surgir tu motivación

El primer paso es que necesitas saber cómo hacer surgir tu motivación. En el capítulo introductorio, mencioné que debemos hacer surgir la motivación por medio de diseño y no a través de la suerte o el azar.

Como creativos o creadores, debemos ser capaces de motivarnos a nosotros mismos en cualquier momento, cualquier día de la semana. Especialmente si eres un emprendedor o trabajas por proyectos.

Hacer surgir tu motivación por medio de diseño se puede hacer por medio de dos maneras científicamente fundamentadas.

1. Define y eleva tus ambiciones

Debes tener un deseo o una pasión. Podemos simplemente llamar a eso ambición, el deseo de tener o lograr más.

No es necesariamente acerca de la meta, sino el proceso donde todo está mezclado.

· · ·

La mayoría de las masas piensan que debemos estar aferrados a una meta incluso si el proceso no inspira pasión.

Esa es una gran mentira de la que debes tener cuidado. Eso lo hablaremos en los capítulos dedicados a los errores y mentiras.

Por ahora, debes saber que el proceso hacia tu ambición debe ser emocionante y debes sentirte apasionado por él, o de otra forma no estarás motivado. Estarás viviendo estresado el resto de tu vida, y ese no es el caso.

Esto es lo que tienes que establecer antes de hacer cualquier otra cosa:

Paso 1: identifica tu ambición o meta principal de este año. Tienes que ser específico (nada de cosas como "mi meta es ganar dinero"). Al no tener claridad en lo que quieres, la motivación no estará. Así es, sólo una meta, no tres ni diez.

Para seguir motivado, necesitas de toda la concentración posible. Elige una meta, y ten una revisión semanal en otras áreas de tu vida para poder mantener un sano balance.

. . .

Paso 2: digamos que tu meta es hacer cierta cantidad de dinero como escritor por encargo, escríbelo en un gran pedazo de papel con letras vistosas.

Paso 3: mantén ese papel en algún lugar visible de tu casa o tu área de trabajo, para que te de ánimos de realizarlo y lograr tu meta.

Liberar razones magnéticas

Como segundo aspecto, para empezar a hacer surgir la motivación, necesitas escribir en un pedazo de papel por separado, una lista acerca de qué es lo que realmente quieres lograr.

Eso también puede asociarse con imágenes que pegues en tu pared, además de tu meta principal del año. Una vez que hayas terminado de escribir la lista, mantén esas ideas a la vista.

Algunas veces, las personas simplemente pierden la claridad de sus propósitos. La conformidad es un enemigo del que hay que estar al tanto para no caer.

. . .

¿Cuál es el dolor? ¿Qué placer debería darte el hacer más dinero del que ahora tienes?

Si siempre estás infeliz y aunque escarbas profundo en tu vida para encontrar felicidad no lo logras, ¿para qué seguir esforzándote?

Quizá se deba a que quieres tener menos estrés y más días bien vividos. Quizá quieres ser más feliz porque sientes que ya no estás en un estado saludable. Escribe acerca de eso.

Tener un propósito es tener poder. Lo que es aún más poderoso son tus relaciones. Tal vez quieres ganar más dinero para que tu familia lo disfrute.

Tal vez quieres devolverles a tus padres todo lo que te dieron. Hazlo por algo o alguien. Incluso, un propósito personal eleva tu motivación. La ciencia ha mostrado ahora que mientras más competente seas, más motivado estarás.

Por ejemplo, si eres un vendedor que logra hacer sólo una o dos ventas por día, y mejoras haciendo cuatro o seis por día, la experiencia irá construyendo también confianza para seguir superándote.

· · ·

Nadie puede quitarte eso. dicho de manera más sencilla, la motivación intrínseca te atraerá a lo que deseas como un imán.

Aquí tienes un ejemplo de lo que deberías pegar en un lugar visible como tu pared, relacionado a tu meta del año:

- Ganar $2000 al mes, escribiendo 8 artículos de $250 para uno o dos clientes.

- Por qué esta meta es importante para mí:

1. Quiero poder trabajar donde sea que quiera.

2. Debo pagar mi deuda para poder empezar a ahorrar dinero para mí y empezar a invertir.

3. Escribir es mi arte y quiero ganar dinero haciendo lo que hago.

La clave principal para hacer surgir tu motivación

. . .

Después de escribir tus metas y las razones para seguirlas, hacer surgir la motivación significa simplemente ver tus notas cada mañana. Eso es todo.

Ese es el primer paso para hacer surgir tu motivación: conectar emocionalmente con tu meta principal y tu propósito a primera hora de la mañana, y vivir tu vida con esa idea en tu mente para tener una visión clara de lo que quieres hacer.

Sostener la motivación

Cuando tienes clara tu meta principal y ya has anotado las razones por las que es necesario cumplirla, necesitas mantener la motivación inicial. Lograrás eso adquiriendo concentración.

Una vez que estás concentrado, la motivación se sostiene. Suena sencillo, pero la pregunta es ¿cómo empezar a concentrarse?

Lee lo siguiente de manera lenta y cuidadosa: cuando tu mente no es capaz de ver que estás progresando y no puede ver que cada vez te acercas más y más a tu meta, tu corazón se detendrá.

· · ·

Tu pasión muere. Tu motivación muere. Por último, tus sueños nunca lograrán manifestarse en la realidad. Aquí te traigo un antídoto para eso…

¿De dónde surge la concentración? Sólo necesitas una palabra: acción. Es a través de acciones consistentes.

Una vez que des el primer paso y avances, ya estás logrando un progreso, y si estás realizando al menos tres pequeñas tareas que aporten a tu meta cada día, liberas dopamina y eso se refleja en tu comportamiento.

Ahora estás concentrado. Ahora estás motivado. Una vez que tengas esa concentración, la motivación se sostiene.

Dicen que es más fácil recanalizar un río que detenerlo. La concentración es clave para sostener la motivación y dirigirla hacia donde necesites.

Es porque ahora tu mente puede ver y entender que estás logrando un progreso, y que te acercas a la meta deseada.

Tu corazón estará exaltado de emoción y no tendrás intenciones de detenerte.

· · ·

Estás motivado porque escribiste ese artículo que te hará ganar dinero incluso cuando no tenías el ánimo. Estás motivado porque acabas de diseñar tu primer logo hoy. Estás motivado, y todo gracias a esa única palabra: acción.

Con todo lo anterior dicho, podrás pensar que no es posible empezar debido al abatimiento que sientes ahora, que es debido a eso que estás desmotivado y que, aunque sabes que todo se trata de tener acciones y conocer tus propósitos y ambiciones, no eres capaz aún de limpiar tu cabeza de todas esas dudas para poder empezar tu recorrido.

La respuesta a eso es la siguiente: las personas nunca avanzan porque no saben que existen los 6 pasos secuenciales para alcanzar la máxima concentración. Significa que no tienen claro cuál es el primer paso que deben tomar y eso les incapacita para alcanzar sus metas. No tienen idea de lo que son los 6 pasos secuenciales que necesitan para producir.

A la motivación le encanta que te enfoques

Mantener todo dentro de mi cabeza fue una de las mayores pérdidas de tiempo que he tenido. Estaba escribiendo mi lista de pendientes y me di cuenta de que, si no tomaba acción en ningún momento, en realidad no iba a poder avanzar.

Se debe a que, a diferencia de los grandes iconos del mundo que han producido obras de arte, yo nunca tuve el enfoque necesario.

La motivación ama el enfoque. La motivación nunca estará ahí si te encuentras estresado y ansioso cuando haces las tareas.

Cuando tu mente está tratando de hacer varias cosas al mismo tiempo, tu energía se desgasta. Estarás agotado o harto muy rápido, te lo garantizo.

Muchas personas están ansiosas porque priorizan todas sus tareas de manera equivalente, y eso perjudica su motivación y su energía. No hay necesidad de hacer eso. ya te he contado el secreto: simplemente se trata de escribir claramente tus 6 pasos secuenciales para tener la máxima concentración.

Si no sabes cuáles son tus 6 pasos, sigue un modelo a seguir que haya cumplido con una meta similar a la tuya, no es necesario empezar de cero. Investiga, incluso pregunta directamente cómo realmente logró cumplir su objetivo y organiza su experiencia en 6 pasos secuenciales.

. . .

Para liberar tu cabeza y no sentirte abrumado, para activar tu enfoque máximo y preciso (que es la clave principal para el éxito), céntrate únicamente en el paso 1 primero. Recuerda que la palabra clave aquí es "secuencial", no intentes hacer más de una cosa a la vez.

Ya que tienes esos 6 pasos identificados y escritos claramente en una gran hoja de papel, no tendrás que volver a preocuparte por perder una nueva oportunidad, o preocuparte por no saber si estás haciendo algo que no es una prioridad para el cumplimiento de tu meta.

Con esta nueva mentalidad, eliminas todo el estrés al fragmentar tu meta en esos 6 pasos claros. Y recuerda: la claridad alimenta la motivación.

Sólo tienes que hacer cada paso de manera individual, sin apresurarse ni sobreponerlos. Realízalos secuencialmente. Hasta que no hayas terminado con el paso 1, no empieces el paso 2. Enfócate y concéntrate.

Un paso a la vez. Esa es la clave para tomar acción. Todo se trata de establecer un plan de batalla. Es estar preparado en el campo de batalla.

. . .

Así es como tomas acción. Así es como obtienes concentración.

Ahora, cada día, espero que tengas una planeación de trabajo que te ponga en estado de motivación porque, para sostener la motivación, necesitas tener estructura.

Después, te daré una rutina mañanera o una estructura de planeación para el trabajo, pero por ahora, déjame darte unos valiosos consejos acerca de lo que tu preparación de trabajo debe incluir, y más técnicas que te ayudarán a sostener tu motivación.

Técnicas para sostener tu motivación

Movimiento de poder

Debes cambiar tu estado físico antes de empezar a trabajar. Puede ser algo sencillo como dar diez saltos o una pequeña flexión de pecho antes de trabajar. Estirar el cuerpo siempre es buena opción.

Incluso puedes animarte a hacer algunas sentadillas o lagartijas.

· · ·

Se ha demostrado por décadas que el ejercicio ayuda a disminuir los niveles de cortisol (hormonas de estrés). Mientras menos estrés tengas, más motivado te encontrarás.

Truco de 5 minutos

Después de ese movimiento de poder, empieza a trabajar en tu meta durante 5 minutos. Por ejemplo, empieza a escribir ese artículo por 5 minutos, no media hora.

Nuestras mentes aman terminar lo que empiezan, así que empezar a trabajar por 5 minutos hará surgir la concentración inicial que te motivará para seguir.

Trabaja 5 minutos y luego parte de ahí para seguir trabajando. Sin darte cuenta, habrás avanzado.

Una vez que tengas un plan de proyecto y que te estés enfocando en tomar acción en el primer paso de 6, tu motivación se sostendrá.

Un truco que me encanta hacer cuando empezaba a sentirme motivado era trabajar sólo por 5 minutos y hacer surgir algo de dopamina en mi cerebro. De esa forma, mantienes la concentración inicial.

La concentración consistente a largo plazo es como se logra sostener la motivación. Para hacer eso, sólo recuerda esta última palabra: motivación.

Estirar tu motivación

El paso final es realmente simple, pero significativo para tener longevidad y estabilidad en el juego. ¿Qué significa estirar la motivación? Estirar tu motivación simplemente significa reflexionar y crecer.

Reflexionar acerca de tus logros y errores y entonces adquirir nuevo conocimiento para crecer. Eso estirará tu motivación hacia adelante.

El aburrimiento mata la motivación, es por eso que leer y aprender puede hacer surgir la buena dopamina que son hormonas de emoción necesarias para que nosotros nos encontremos más motivados y seamos excelentes artistas de nuestras propias industrias.

Lo nuevo le resulta interesante a nuestro cerebro. Recuerda aquella vez que te sentías estancado y desmotivado, y entonces leíste una línea de algún libro y de repente te sentiste mejor. Eso es lo que estira tu motivación.

. . .

Ahora, puedes usar el aprendizaje para prolongar tu motivación porque, como hablamos anteriormente, cuando conectas con tu meta a la primera hora de la mañana, haciendo progresos y tomando acciones relacionadas a tu objetivo primordial, podrás sostener tu motivación.

Aprender de los libros, cursos y de mentores volverá todo el recorrido más luminoso y emocionante.

Cuando aprendes algo nuevo, te emocionas por implementarlo. En ese estado, te encontrarás teniendo motivación a gran velocidad, al mismo tiempo que disfrutas tus avances.

Un consejo que verdaderamente inspira motivación

Entonces, antes de que lleguemos a los pasos accionables que puedes tomar para estirar la motivación, quiero darte uno de los mayores y más profundos consejos que siempre sigo en mi vida.

Los tiempos difíciles producen la mejor lista de gratitudes.

. . .

Quisiera que mantuvieras esta frase en tu mente, porque habrá veces cuando la motivación simplemente no está ahí. Así es realmente la vida.

Quizá se trate sobre perder a un ser querido. Quizá es cuando parezca que nada está resultando como debería.

Pero nunca debes parar. Nunca consideres ni trates esos malos momentos como errores o fracasos.

Solamente significa que en ese momento no funcionó, son pequeñas piedras en el camino. Los momentos difíciles son en realidad tu lista de gratitudes disfrazada.

Para algunos, lo único que necesitan es motivarse a sí mismos. Cuando están en deuda, simplemente hacen todo lo posible. Cuando su familia les necesita, sólo se entregan y lanzan a ayudar.

Si estás pasando por un momento difícil hoy, deja que eso te sirva de motivación. Nadie necesita que estés frente al campo de batalla todo el tiempo.

Ahora, conforme vas recorriendo tu camino superando aquellas piedras, y vas realizando estos 6 pasos hacia tu concentración máxima, no puedes simplemente tomar acción y no retroceder. Déjame explicarte a qué me refiero con esto.

Para estirar tu motivación, debes detenerte y retroceder cada tarde, cada semana y cada mes para reflexionar y aprender. Preguntarte cómo fue el día de hoy, qué logros puedes repetir la siguiente semana, qué puedes mejorar de este mes.

Otro ejemplo sobre qué es el estirar la motivación es leyendo libros por las tardes. Leer alimenta nuevas ideas.

Leer te propone nuevas formas de ver el mundo y te permite analizar tu vida de una forma diferente.

Además de eso, es bueno registrar por las tardes tus actividades y sentimientos para reflexionar en lo que has trabajado y lo que no. Pregúntate en qué áreas puedes mejorar y apúntalo. Así es como puedes tener grandiosas ideas.

Aspectos esenciales para estirar tu motivación

Reflexión profunda

. . .

Deconstruir tu éxito, lo que has trabajado, y qué no es significativo para mantener. Para entender, regresemos al ejemplo de escribir por encargo.

Digamos que nadie respondió tu correo electrónico donde aplicaste para escribir artículos y demás textos. Te preguntarás por qué nadie respondió, apunta tus ideas en una lista.

Cuando tengas claridad en qué es lo que puedes mejorar, tu motivación se estirará y crecerá.

Estudio implacable

Esto puede ser leer un excelente libro basado en lo que deseas mejorar de tus reflexiones, tomar un curso digital, o tener un mentor o apoyo que te pueda guiar en ese camino.

Quizá necesites tomar un curso acerca de cómo presentar tu trabajo de escritor por encargo de una manera idónea que atraiga clientes, incluso sobre cómo redactar profesionalmente correos electrónicos, etc.

El ciclo de la motivación

. . .

Una vez que hayas hecho surgir tu motivación con un futuro emocionante, debes mantener eso al adquirir una concentración consistente. Finalmente, la motivación resurge y crece a través de una reflexión profunda y aprendizaje.

Ya que ejecutes estos tres pasos, te encontrarás en un ciclo de motivación y podrás dominarla. Puedes usar esta estrategia cuando sea y como sea, pues es nuestro trabajo motivarnos a nosotros mismos.

Esta estrategia es realmente sólo de 3 fáciles pasos como verás en el siguiente capítulo, donde te enseñaré un resumen preciso y muy útil.

Sin embargo, la preparación es muy importante como en los demás casos que hemos mencionado en capítulos anteriores, como establecer una meta específica y razones lo suficientemente fuertes en la pared de tu oficina, especialmente identificando tus 6 pasos secuenciales hacia la concentración.

Después de eso, motivarte a ti mismo cada día sólo dependerá de estos 3 sencillos pasos.

6

Los 3 Pasos Fáciles y Resumidos Hacia la Motivación

1. Haz surgir tu motivación (claridad es poder): conecta emocionalmente con tu meta y propósitos como primera actividad de tus mañanas. Un experto en la motivación experimenta la meta principal en su mente, antes de incluso alcanzarla. Mentalizarse para lograrlo.

2. Mantener tu motivación (concentración es poder): empieza la concentración. Trabaja en tu meta por sólo 5 minutos para empezar a tomar una acción inicial. Un experto en la motivación sabe cómo adquirir la concentración que necesita para mantener su motivación durante todo el día.

3. Estira tu motivación (crecimiento es poder): reflexiona a partir de la revisión y crece a partir del aprendizaje. Un experto en la motivación es humilde y capaz de reflexionar y reconocer cuál es su potencial de crecimiento.

Consejo principal para manejar la motivación a largo plazo

Estructura tu día con esta estrategia poderosa de tres pasos y tu motivación subirá permanentemente.

Incluso tengo técnicas en dos capítulos dedicadas a instalar este proceso de 3 pasos en tu rutina de vida diaria más adelante en este libro.

Pero lo que te he mostrado en las páginas anteriores son las estrategias principales, suficiente para guiarte a que te conviertas en un experto de la motivación a largo plazo.

Una vez que pongamos esto a trabajar, nosotros como creativos, podemos construir un hábito que se hará presente y tendrá impacto por el resto de nuestras vidas: la habilidad de motivarnos a nosotros mismos donde sea y cuando sea que lo necesitemos.

Sólo recuerda estas tres palabras: surgir, mantener y estirar.

Ese es todo el modelo para convertirte en alguien altamente motivado cada día.

. . .

Más allá de eso, todavía puedes sentir la motivación inicial por semanas e incluso por meses.

Pero en el largo recorrido hacia tu meta, puede que pierdas tu motivación y no saber por qué, debido a los errores más comunes que estoy por mencionar en los próximos dos capítulos.

Quiero que estés consciente de todo esto, porque puede que llegues a estar motivado por semanas o meses y aun así sentirte vacío al mismo tiempo. Sí, les sucede seguido a muchas personas exitosas que pierden su voz y su pasión a la mitad del camino.

Aquí tengo una frase que quiero que recuerdes: la motivación sin realización es sólo un trabajo estresante sin pasión.

Lee eso de nuevo y date cuenta de lo profundo que es. Con el proceso de 3 pasos que has descubierto hace un momento, puedes forzarte a ti mismo para estar motivado y hacer el trabajo.

7

Un Ambiente Adecuado Para La Motivación

PARA PODER REALIZAR EXITOSAMENTE todo este proceso y sentirte altamente motivado durante un largo periodo de tiempo, es necesario que todo a tu alrededor colabore con tu intención. Si te encuentras rodeado de distracciones, desorden y no eres capaz de distinguir tus horarios y espacios de trabajo, difícilmente podrás trabajar los 3 sencillos pasos que he mencionado.

Aquí te doy varios consejos para mantener una distancia saludable entre tu vida cotidiana y tu horario de trabajo o creación. Por supuesto, estos aspectos se pueden adaptar a tu estilo de vida y a las necesidades particulares de tu profesión o meta.

1. Crea un entorno de trabajo en casa

. . .

Si tu idea de trabajar desde casa consiste en sentarte en la cama o frente al televisor con tu laptop, es poco probable que seas muy productivo. Si tienes una habitación libre o un estudio para usar como espacio de oficina, lo ideal es guardar allí todo lo relacionado con el trabajo. Crear un entorno de trabajo puede llevarte al espacio adecuado que necesitas para trabajar de manera productiva.

2. Vístete para el trabajo

Aunque puede ser tentador quedarse en pijama, asegúrate de vestirte y prepararte para tu jornada laboral. Esto te hará sentir más despierto y listo para afrontar el día, después de unas horas de estar sentado en tu cama, probablemente comenzarás a sentirte mareado y menos productivo.

3. Organiza tu día

Si estableces objetivos claros para el día siguiente, es más probable que te mantengas concentrado y cumplas los plazos que tú mismo recomiendas. Recuerda ser realista con los objetivos que establezcas cada día. Usa una lista en papel o una aplicación especial para organizar para crear una lista de tareas que necesitas completar y márcalas a medida que las hayas completado a lo largo del día.

. . .

4. Administra tu carga de trabajo

Si tienes muchas tareas que completar para un proyecto grande, o tienes tareas administrativas acumuladas que aún no has comenzado, puede volverse estresante. Si trabajas desde casa y te tomas este tiempo de tranquilidad para completar algunas tareas administrativas, intenta separarlas en partes manejables para completarlas durante el día o la semana. Planificar y mapear tu carga de trabajo de esta manera debería evitar que te sientas abrumado y pospongas tus pendientes.

5. Date descansos

Los descansos son importantes para impulsar la productividad. Si no te das tiempo para descansar y recuperarte durante el día, es posible que te agotes por la tarde. Asegúrate de tomar un descanso completo para almorzar y trata de mantenerte alejado de tu computadora también durante este tiempo. Te sentirás rejuvenecido cuando regreses a tu escritorio para afrontar la jornada laboral completa.

6. Recompénsate

Puede motivarte saber que necesitas completar una tarea y enviársela a tu jefe en una fecha límite determinada, pero para aquellos que no trabajan para nadie (como es el caso de muchos artistas y creadores de contenido), debes tratar de encontrar formas de recompensarte al final de cada tarea o día. Este pequeño impulso puede darte lo que necesitas para pasar al siguiente trabajo y mantener tu motivación.

¿Cuánto afecta tu organización (o la falta de ella) a tu productividad?

Mucha gente dirá que es fantástico tener sistemas, pero si la creación de sistemas te impide realizar las tareas necesarias para hacer crecer tu negocio o mejorar en tu profesión, ¿son realmente útiles? En realidad, sí lo son, pero se tienen que adaptar a la meta específica que quieres alcanzar.

Conozco gente que funciona mejor en el caos. Personalmente, trabajo mejor cuando estoy organizado. Exploremos los beneficios de estar organizado para entender mejor por qué la organización es tan importante.

Es menos probable que sueltes la pelota

Si todo tiene su lugar y se archiva después de completarlo, es menos probable que te caigan las bolas importantes. Tu sistema (cualquiera que sea) debería asegurarse de que cruces tus t y puntees tus i.

Si, en cambio, estás acostumbrado a tener pilas de papeles y archivos esparcidos, es posible que no recuerdes hacer alguna tarea o cumplir con algún pendiente. ¿Cuántas películas has visto en las que una tarea importante se deja sin hacer debido a una presentación incorrecta o porque está enterrada en una pila de papeles? ¡Es una historia bastante común por una razón!

Muchas personas ya no tienen papel, por lo que ya no tienen archivos en papel. Sin embargo, todavía puedes estar desorganizado y sin papel en mi libro. Si no está acostumbrado a tener un sistema de archivos en línea (o uno para la bandeja de entrada de su correo electrónico, por ejemplo), es fácil perder el foco y dejar tareas importantes sin hacer o correos electrónicos sin responder.

Encontrar un medio feliz

Como todo en la vida, te conviene intentar encontrar ese medio feliz; para lograr un equilibrio entre los dos extremos del desorden caliente desorganizado y la organización incorrecta o no apta para tu estilo de vida. La forma más fácil de comenzar es mirar tu escritorio (o tu bandeja de entrada) para aclarar en qué campamento te encuentras, ¡como si ya no lo supieras!

. . .

Si tienes todos los sistemas, pero tienes dificultades para hacer crecer tu motivación, puede que sea el momento de bajar el tono. Es posible que debas dejar pasar algunas cosas para hacer las cosas necesarias para obtener nuevos logros en la puerta.

3 pasos para organizarse más

Si, por otro lado, tu escritorio se encuentra en un desorden inevitable, podría tener sentido organizarse un poco más.

Esto es cierto tanto en línea como fuera de línea. Aquí hay tres sencillos pasos para organizarte más de lo que estás ahora:

1. Aplicar una política de bandeja de entrada cero

Bandeja de entrada cero significa limpiar tu bandeja de entrada todos los días. Eso significa que ya te ocupaste, hiciste un plan para tratar o archivaste/borraste todos tus mensajes nuevos. Hacerlo crea una pizarra mental limpia y libera la capacidad intelectual para abordar otras tareas o terminar tu jornada laboral sintiéndote productivo.

. . .

Si tienes una gran cantidad de mensajes atrasados en tu bandeja de entrada (que aún necesitan tu atención de alguna manera), te sugiero aplicar esta mentalidad a cualquier correo electrónico nuevo y abordes una parte de los viejos (los más antiguos primero) a la vez. Toma el total que necesitas para pasar y divídelo por la cantidad de días laborales en los que te gustaría lograrlo. O lograr una cita pasada a la vez. Ambos pueden funcionar bien.

Intenta implementar la "regla de un clic" y responde, archiva o descarta cada correo electrónico. Esto te ayudará a ser más eficiente, ya que sólo (en teoría) tocarás cada correo electrónico una vez. Recuerda, el objetivo es el progreso, no la perfección.

2. Establece un sistema de archivos

Esto se puede hacer en línea y sin conexión. Cuando trabajaba en mi oficina, tenía una carpeta de manillas física con cada día de la semana en él. De esa manera, podía archivar tareas cuando necesitaba (o quería) completarlas. También tenía archivos para "la próxima semana" y "el próximo mes". Algunas cosas no se pueden hacer de inmediato, pero debe recordar hacerlas. Esto funcionó bien para mí y sigo empleando esta estrategia con la organización de mi escritura y mis libros.

. . .

Puedes configurar esto a través de carpetas de correo electrónico individuales u otro programa en línea. Alternativamente, usa alguna herramienta que ofrezca un sistema de archivo (determinado por ti) y la capacidad de asignar una fecha de vencimiento a cada tarea. Automáticamente puedes ver las tareas filtradas por tipo de archivo (administración, personal, finanzas, etc) o por día, semana o mes.

3. Limpia tu escritorio físico todos los días

Si trabajas en una oficina o en tu casa y tienes un escritorio, esta es una excelente manera de terminar cada día de trabajo. El desorden físico puede igualar el estrés mental. Si dejas tu escritorio desordenado todos los días, es posible que te resulte más difícil pasar del modo de trabajo a un estado de relajación en el frente del hogar. Además, empezar el día con un escritorio desordenado puede desmotivarte incluso antes de poder trabajar.

Personalmente, establezco todas las tareas físicas que tengo (además, tengo carpetas de archivos que dejo abiertas en mi computadora de tareas de las que necesito hacer un seguimiento) para completar ese día. Si queda alguno (y seamos honestos, ¡casi siempre lo hay!), Entonces reevalúo su nivel de prioridad con mi horario para el resto de la semana.

· · ·

Si el resto de mi semana está bastante ocupado, es posible que posponga las tareas no urgentes para la semana siguiente (en mi "carpeta de la próxima semana"). Si, en cambio, mi semana es liviana, simplemente cambiaré lo que queda al día siguiente o dos.

Mucha gente que conozco escribirá una lista de tareas físicas al final de cada uno de sus días. Esto permite comenzar el próximo día de trabajo enfocado y en sintonía con lo que debe hacerse, en lugar de luchar esa mañana para determinar qué debe hacerse ese día.

Si eres como yo, estás más concentrado y motivado por la mañana / al comienzo de tu jornada laboral. Si demoras la apertura de tu bandeja de entrada (una estrategia probada de otros emprendedores exitosos) de inmediato y te concentras en tus tareas principales, es más probable que las hagas y te sientas productivo desde el principio.

Ahora que tienes estos consejos adicionales para organizar tus espacios de trabajo, debemos entrar a un tema muy importante: los dos errores más grandes que se pueden cometer con relación a la motivación.

8

El Primer Error Peligroso Que Hay Que Evitar

PUEDE que estés brincando de la emoción ahora debido a que has realizado los ejercicios que te he mostrado en los capítulos anteriores e hiciste surgir la motivación inicial que estás sintiendo en este momento.

Pero considero necesario hacer la advertencia acerca de estos dos errores peligrosos relacionados con la motivación a los que puedes estar cayendo, porque puede provocar que te caigas y pierdas esa sensación de progreso.

Aunque has superado ese simple proceso de 3 pasos, desafortunadamente, puede que aún te sientas desmotivado. Sin embargo, no debemos preocuparnos.

Puede que simplemente estemos cometiendo estos dos errores.

Para conocerlos, vamos a examinar el primer error que hay que evitar: se llama insatisfacción post logro.

Tener la motivación inicial es genial. Cuando empiezas una nueva carrera o tu energía se está regenerando, es realmente solo un juego psicológico.

Sin embargo, llegarás a una insatisfacción justo después de que alcances tu meta. Es por que ya estás ahí, ya no hay más retos. Ya has logrado tus ambiciones.

Seguramente ya has tenido esa experiencia. Quizá después de lograr alguna meta relacionada con tu estabilidad financiera o de salud y te preguntaste "¿esto es todo?". Probablemente disfrutaste más el recorrido que estar en la cima de tu logro.

¿por qué sucede eso? se debe a que, como humanos, intrínsecamente, estamos hechos para crecer continuamente y ampliar nuestras habilidades con el paso del tiempo.

Recuerda cómo tener una mentalidad de crecimiento y aprendizaje está ligada a tu motivación. Esa es la razón científica del por qué. Esa es la razón por la que una persona exitosa es capaz de leer 5 o 6 horas al día.

. . .

Los creadores reconocidos mundialmente por su éxito, una vez que alcanzan su objetivo, una vez que producen su obra maestra, establecen otra meta porque eso es lo que mantiene viva su pasión por la vida, para crecer y crear más cosas. Es el hambre de expandir su arte y continuar en la búsqueda de ser expertos.

Piensa acerca de tu carrera y misión primero. Reflexiona acerca de qué podría mantener tu motivación por el resto de tu vida, qué cosas te gustarían crear más adelante, cuál es el siguiente nivel para ti. Apunta todas aquellas ideas que tengas relacionadas con esas preguntas.

¿Cuáles nuevos proyectos creativos te emocionas por realizar? Escríbelos en una lista en orden de dificultad. Al alzar tus ambiciones, mantienes tu motivación en constante movimiento.

Para que podamos triunfar en nuestras áreas de elección y mantener alegremente esa motivación, he creado otras estrategias que eliminan esos dos errores de los que terminaré de discutir más adelante.

Eso asegurará que incluso antes de alcanzar esa insatisfacción post logro, ya hayas resurgido esa motivación.

. . .

Pero no sólo es ese error del "artista aburrido" del que debes tener cuidado. Incluso puede que este segundo error desgaste más tu energía y el sentimiento de alivio...

9

El Segundo Error Peligroso Que Hay Que Evitar

A LO LARGO de los años, me he inspirado en estudiar la ciencia de la motivación, el por qué hacemos lo que hacemos, y el arte de la vida. Se debe a que siempre me he encontrado fascinado acerca de cuáles son las diferencias entre una persona mediocre y una que hace historia.

Desde entonces, estuve obsesionado con la pregunta "¿Por qué hay personas exitosas con depresión?". Eso me dejó pensando acerca de lo que realmente significa el éxito.

Porque ahora sabemos que no todo se trata de dinero (aunque la buena economía es uno de los pilares de bienestar en la vida). Pero el bienestar no depende únicamente del dinero; piensa sobre los momentos más felices de tu vida, siempre girarán acerca de la salud y de lo que te apasiona.

. . .

Resulta que la razón por la que las personas exitosas según los términos sociales terminan deprimiéndose se debe únicamente a que caen en el segundo error peligroso en la motivación: el pozo vacío.

Cuando digo "peligroso" me refiero a que es un verdadero peligro para tu cuidado personal, tu carrera, tu vida espiritual y tu valor propio.

Dicen que el éxito sin un sentimiento de realización es uno de los errores más graves. Para entender mejor usemos un ejemplo simple y realista: logras ganar mucho dinero, pero haciendo un trabajo que odias, prácticamente es hacer algo que te estresa para poder conseguir algo a cambio.

Por otro lado, ser exitoso y sentirse realizado puede significar que quizá ganes menos dinero, pero haces algo que disfrutas y que te hace feliz. Depende de cada uno tomar una decisión acerca de lo que prefiere vivir, así que te recomiendo experimentar para averiguar qué es lo que realmente te motiva y qué te hace sentir realizado.

Podrás notar que, con el tiempo, aunque estés logrando tus metas y objetivos, tu camino aún puede sentirse deprimente.

. . .

Cuando sientas que te sientes acorralado, agobiado o estresado, simplemente significa que estás viviendo una vida insatisfactoria que no te hace sentir realizado. Eso no es lo que llamamos una vida legendaria.

Una vida legendaria es aquella donde producimos trabajo del que estamos orgullosos y que nos hace sentir emocionados. Una vida legendaria está repleta de almas que tocamos a lo largo de nuestros caminos. ¿no es acaso eso lo que llamamos el jugo de la vida?

Para eliminar estrés, ajusta tus expectativas

Además, incluso cuando estamos siendo apasionados con lo que hacemos, los problemas siempre aparecen en nuestra cabeza, ¿no es así?

Probablemente se deba a que estamos aferrados al futuro y esperamos lograr nuestra meta en una fecha límite que realmente no es realista o preferible.

Si realmente sientes y crees que lo que estás haciendo es una misión personal y es tu pasión, quizá lo único que necesitas hacer sea ajustar tus medidas de éxito para convertirte en una persona más feliz y paciente.

. . .

Eso es todo. Así es, eleva tus ambiciones, pero ajusta tus expectativas. Préstale mucha atención a lo anterior dado que es un punto crítico para poder amar tus momentos creativos en tu largo recorrido.

No manejes en el vehículo de los demás

Algunas veces, es el vehículo incorrecto el que estás manejando. Sí, es posible que estés en el vehículo equivocado.

¿A qué me refiero con eso? Puede ser que tu carrera sea el área de tu vida que te estresa más.

Puede que seas un artista, pero realmente no lo amas y te intereses más por ser un ejecutivo o algo así.

Por otra parte, puede que trabajes por encargo como diseñador, pero lo que en realidad deseas es ser un conductor de radio y ganar dinero de la publicidad.

El secreto está en experimentar. Si no encuentras felicidad en tu carrera, cambia. No hay nada de malo en eso, sería peor quedarte estudiando o trabajando en algo que no te da satisfacción.

• • •

Recuerda, esos momentos deben de ser aquellos que aparezcan en tu lista de gratitud.

Una prueba de que la pasión es el combustible de la motivación

Como sabes, soy una especie de científico loco y estoy obsesionado con el estudio de las personas y los productores más grandiosos del mundo. Así que quedé asombrado cuando descubrí que un hombre millonario seguía trabajando a tiempo completo cuando tenía 89 años. Es casi inimaginable, y eso se debe al poder de la pasión. ¿Ves hasta dónde te puede llevar la pasión?

Esa es la importancia de dominar el arte de la motivación. Lo que quiero transmitirte es que, si tienes 20, 30 o 60 años y todavía no has encontrado tu pasión o tu "propósito de vida", te diré que está completamente bien. No es un problema y no debes sentirte angustiado por eso.

Soy un autor y todos los días me despierto emocionado, pero sé que eso puede cambiar algún día.

Lo que te estoy sugiriendo es que nunca te asustes por la opinión de otras personas cuando estés pensando en cambiar tu carrera o tu trabajo.

Escribir y aprender sobre la profundidad de nuestros pensamientos es lo que me satisface todos los días. Siempre me fascinaba cómo un autor podía ser capaz de escribir una oración de cierta manera y me inspiraba, y es también por lo que decidí empezar a escribir.

Esa es la manera en la que expreso mis pensamientos y sentimientos. Además, disfruto mucho de indagar en las mentalidades y los propósitos de aquellas personas que han marcado un cambio significativo en el mundo. Mi mayor obsesión es poder descubrir qué es lo que los hace especiales.

Eso no tiene nada que ver con lo que otras personas digan y opinen sobre mis pasiones, ya sea de manera negativa o positiva. Mis errores futuros son míos, mis equivocaciones son mías.

Y realmente espero que esto te inspire a encontrar tu propia pasión también, y mantenerla si te encuentras realmente feliz con eso.

La pasión es el inicio de una vida feliz. Estoy agradecido, estoy feliz con lo que hago y me despierto cada día motivado porque mis ambiciones y propósitos son claros para mí.

. . .

Ser felices es lo que realmente buscamos ganar en esta vida, ¿no? Felicidad y paz. Es por eso por lo que es de vital importancia dar un paso atrás y reflexionar si te sientes muy abrumado por tu carrera o profesión, si estás simplemente fatigado por el estrés.

También existe la posibilidad de que estés en la carrera o profesión equivocada, te darás cuenta. Tienes que averiguar qué es lo que provoca esa decaída de tu motivación. Recuerda, la claridad trae dominio.

Mi invitación para ti es que veas este proceso como tu camino para descubrir qué es lo que realmente amas hacer, si es que aún no lo has descubierto.

Una estructura que siguen las personas más felices del mundo

Te estoy animando a seguir la estructura del capítulo siguiente que yo mismo he diseñado para que puedas entender visualmente cómo es mantenerse motivado mientras tu vida se llena e ilumina de un sentimiento de realización y alegría.

Yo creo firmemente que ese sentimiento de realización puede darle el sentido necesario a la vida para sentirse más motivado por siempre. Eso se debe a que el logro es una cosa, pero la realización lo es todo.

Nunca hay que perder la emoción. Ya sea que tengas 20, 30 o 60 años, te invito a buscar una construcción de vida a partir de la pasión, a pensar en grande y ser un artista de tus días.

La estructura del siguiente capítulo está realmente inspirada por esa ideología, y no puedo esperar a que lo veas.

Lleva a cabo esta estructura, de la que estoy verdaderamente orgulloso y emocionado de mostrarte, y observa cómo tu vida se desenvuelve en su belleza natural y alegría incondicional, e incluso, te ofrece una motivación ingobernable.

10

Profundizando Acerca De La Pasión

ENTRE LOS RASGOS y habilidades que conducen al éxito, la pasión es única. A diferencia de la habilidad, el conocimiento u otros factores, la pasión es innata: no se puede aprender ni adquirir, pero siempre está presente. La pasión, un impulso abrumador para alcanzar las metas propias, es el único factor que une a todas las personas exitosas en igual medida.

La pasión impulsa el trabajo arduo, la determinación y la creatividad que hacen posibles los grandes logros. Los novelistas exitosos, directores de cine, científicos, directores ejecutivos, atletas de clase mundial y otras personas que se han elevado a la cima de sus campos poseen una profunda motivación que les brinda los medios para trabajar extraordinariamente duro en algo, incluso cuando no se sabe cómo, cuándo, e incluso si disfrutarán de recompensas por sus esfuerzos.

. . .

Debido a que la pasión no se puede enseñar ni fingir, los reclutadores deben poder identificar a los candidatos verdaderamente apasionados de manera confiable. Esta no es una tarea fácil, especialmente porque las personas a las que les apasiona conseguir un trabajo pueden no necesariamente sentir pasión por hacer ese trabajo una vez que lo tienen.

Pero la capacidad de identificar la pasión genuina es fundamental para poder contratar a los mejores candidatos posibles.

La pasión se correlaciona con el deseo y la capacidad de una persona de ir más allá del llamado del deber para lograr resultados superlativos. Claramente, los empleados apasionados contribuyen más a una organización. La pasión también es un indicador del éxito futuro de una persona.

Incluso si el currículum de alguien marca todas las casillas correctas (por ejemplo, buena universidad, experiencia relevante, personalidad compatible), la ausencia de una pasión genuina significa que él o ella podría terminar fácilmente como un empleado promedio o incluso por debajo del promedio.

A pesar de su importancia, la pasión sigue siendo una habilidad difícil de definir.

. . .

Intentar identificar la pasión es un poco como tratar de identificar la motivación: la clave es averiguar el "por qué" en lugar del "qué". ¿Por qué alguien logró lo que hizo? ¿Un individuo en particular está motivado por el dinero, el reconocimiento o algo completamente diferente? ¿Alguien prospera resolviendo problemas complejos? ¿O en ser parte de un equipo y ayudar a otros? Encontrar las respuestas a estas preguntas puede ayudar a un reclutador a determinar qué tan bien se alinea un candidato con una organización.

Si un reclutador identifica correctamente en un candidato el 90% de las habilidades clave necesarias para prosperar en un puesto, pero ofrece el trabajo a alguien que no tiene suficiente pasión por él, el resultado podría ser una mala contratación, aunque el candidato lo haya hecho. las calificaciones "oficiales". Por lo tanto, corresponde a los reclutadores aprender qué pasiones predicen más el éxito en varios roles, comenzando por hacer las preguntas correctas.

Desde la pantalla del teléfono, pregunte a los candidatos sobre sus objetivos para descubrir qué los impulsa. ¿Están orientados al equipo o son más individualistas? ¿Se centran en el largo o en el corto plazo? ¿Qué les importa cuando se trata de trabajar? ¿Qué les hace levantarse por la mañana? ¿Qué les da satisfacción? Las respuestas de un candidato a estas preguntas pueden proporcionar información crucial sobre cómo se desempeñará dentro de la cultura laboral y las expectativas de la organización.

· · ·

El trabajo rara vez es fácil. Tener éxito en el trabajo requiere la voluntad de apretar los dientes, cavar profundo y esforzarse cuando las cosas se ponen difíciles. También significa no dejar de esforzarse cuando algo no funciona como se esperaba o no se esperaba. La pasión puede ayudar a las personas a superar estos obstáculos, otra razón por la que es un rasgo deseable entre los candidatos exitosos.

Independientemente de la industria, la trayectoria profesional o el nivel de talento de una persona, inevitablemente encontrará algún fracaso y es posible que no logre el éxito durante años. El camino hacia el éxito se parece más a un zigzag que a una línea recta, y lo bien que esté preparado un candidato para soportar, aprender y superar los reveses determinará su desempeño.

Identificar cómo los candidatos responden al fracaso es esencial para identificar su capacidad de recuperación. Las personas que enfrentan el fracaso evaluando y adaptándose tienden a verlo como una oportunidad para aprender y mejorar. Pero responder positivamente al fracaso es imposible para las personas a quienes no les importa lo suficiente por qué están haciendo lo que están haciendo en primer lugar. La pasión es lo que genera el deseo de aprender, volver a intentarlo y hacerlo mejor la próxima vez.

La pasión es el combustible que inspira e impulsa a las personas hacia objetivos específicos, sin importar cuán improbables o difíciles puedan ser. Genera el entusiasmo necesario para superar los mayores obstáculos y superar los desafíos más difíciles. Inspira lealtad, trabajo en equipo, trabajo duro y, finalmente, éxito.

11

Una Estructura Icónica para Evitar los Errores en la Motivación

LA MAYORÍA DE LAS PERSONAS, si tienen una concentración imparable, cuando se encuentran cerca de lograr su meta principal, dejan de soñar de nuevo. Dejan de crecer y se preguntan si han perdido su motivación. Se encuentran sufriendo del efecto "¿y ahora qué?". El secreto está en tener longevidad con tu motivación, establecer la siguiente meta inmediatamente para que no se corte el flujo de concentración.

Antes de que establezcas tu siguiente meta

No se trata de estar aferrado a la meta, no es solamente por el bien de alcanzar más, sino que tener objetivos más grandes te permiten jugar por más tiempo en la cancha y disfrutar más la vida porque estás creciendo y teniendo un progreso.

. . .

En quién nos convertimos, nuestras experiencias, los resultados de los que nos sentimos orgullosos de producir, y las personas a las que inspiramos en el camino es realmente lo que importa al final del día.

Practica lo que predicas

Entonces ya sólo repites el proceso de hacer surgir la motivación, mantenerla y estirarla, incluso si cambias tus metas a lo largo de los años, los principios se mantendrán de la misma manera.

La clave es establecer la nueva ambición antes de lograr tu meta anterior. Así es como el ciclo de motivación nunca muere, al seguir la estructura, estableciendo la próxima meta antes de alcanzar la anterior.

Así es como evitas el primer error peligroso relacionado con la motivación. No esperes a llegar al final de tu meta. Establece la siguiente de inmediato. Por otra parte, para evitar también el segundo error peligroso, debes evitar repetir el ciclo de motivación sabiendo que no te encuentras satisfecho con lo que haces o no te apasiona lo suficiente.

Esto último puede sonar algo confuso e incluso contra intuitivo, así que profundicemos sobre el tema un poco más...

La satisfacción lleva a una motivación permanente

El sentido de realización y la satisfacción con uno mismo juega uno de los papeles más importantes aquí, como ya hemos mencionado antes. Quizá ya hayas intentado esto, empezar un proyecto apasionante pero después darte cuenta de que no estás satisfecho con él.

Por ejemplo, para mí, bailar, cantar y hacer deporte no funcionaron. Y encuentro alegría y satisfacción siempre que escribo, con mi propósito de guiar a los artistas y creativos a empezar sus sueños incluso si se encuentran asustados, y crear una nueva vida que se desenvuelve a partir de sus propios términos.

Una razón por la que la mayoría se encuentra deprimido es que simplemente no aman lo que hacen. No les llena, no les emociona. No amplía el autoestima para ser mejor, para dar más.

Algunos se encuentran haciendo todo por su cuenta, y no tienen una comunidad o una persona que les apoye o mantenga en el progreso. No tienen algo que les haga tener una motivación personal o una intención hacia los demás.

. . .

Como hemos hablado anteriormente, si estás esforzándote por alcanzar una meta pero en realidad no te apasiona ni te satisface lo que haces, intrínsecamente, la motivación no llegará. No es posible que surja cuando en el fondo no deseas hacerlo.

Es por eso que tus metas deben ser llevadas hacia un proceso de satisfacción. Toma un vehículo en el que te sientas más cómodo y puedas disfrutar el viaje, no sólo que te lleve a tu destino.

Siempre recuerda que nunca fallas, siempre estás un paso más cerca hacia lo que es correcto para ti.

12

Estrategias y Sistemas Efectivos
para el Manejo de la Motivación

ORGANIZAR tu vida y tu tiempo desde adentro hacia afuera comienza con la comprensión de dos factores críticos:

Tu único objetivo. No se trata solo de "ganar dinero" o "lanzar un negocio". Comprender tus objetivos únicos significa saber qué quieres hacer y qué no puedes hacer actualmente.

Tu particular estilo de trabajo. Este es el contexto de tu objetivo. Es la cultura de tu lugar de trabajo, el entorno e incluso las cosas fuera del trabajo las que afectan tu día. Si quieres mantenerte comprometido y motivado para alcanzar tus objetivos, debes conocer y trabajar con tu estilo.

No solo intentes imponer el estilo de otra persona en tu vida.

Recuerda que cada persona es diferente, por lo que hay que adaptar todos los consejos a tu estilo de vida particular.

3 preguntas que te ayudarán a organizar tu tiempo como organizas tu armario

Entonces, ¿cómo funciona la organización desde adentro hacia afuera en la práctica? Usemos la gestión del tiempo como ejemplo.

Muchas de las decisiones que tomamos sobre cómo gastamos nuestro tiempo son emocionales, no sólo prácticas.

Y debido a esto, cualquier sistema de gestión del tiempo debe comenzar con una comprensión profunda de nuestras motivaciones.

Para llegar allí, es importante hacerse 3 preguntas que profundizan en tus objetivos únicos y tu estilo de trabajo.

1. ¿Qué deseas lograr que actualmente no puedes?

En otras palabras, ¿cuál es tu objetivo?

. . .

Tal vez sea para alcanzar tus números si estás en ventas. O establezca una fecha límite en un proyecto en lugar de perderlos constantemente. O tal vez es que quieres tener éxito en el trabajo, pero no si eso significa sacrificar tu vida personal.

2. ¿Entre qué haces malabarismos con tu tiempo?

A continuación, debes aclarar cuál es tu situación actual.

¿A qué obtienes tu tiempo y dónde te gustaría poder gastar más? ¿Cuáles son los grandes "cubos" de tiempo con los que haces malabarismos durante la jornada laboral?

3. ¿En qué dedicas demasiado o muy poco tiempo?

Finalmente, con metas claras y una comprensión de tu sistema actual, es hora de enfocarse en lo que necesita ser arreglado.

¿Dónde pasas demasiado tiempo donde podrías gastar menos? ¿Qué te estás perdiendo que merece tu atención en función de tus objetivos?

. . .

Con una lista en tu lugar, puedes comenzar a organizar tus grupos de tiempo de una manera que funcione para ti.

En tres preguntas, has pasado de una vida desorganizada a saber lo que quieres lograr, las proporciones de lo que menos/más necesitamos y un horario que maximiza nuestro tiempo para las cosas que realmente queremos hacer.

Cómo autosaboteamos nuestro tiempo de trabajo (y qué hacer en su lugar)

La parte difícil de todo esto no es averiguar a dónde va tu tiempo y hacer un plan. Estás ejecutando ese plan. ¿Cuántos de nosotros tenemos grandes visiones de una vida diferente pero luego nos rendimos y volvemos a nuestros hábitos habituales?

"Me despertaré a las 5 de la mañana e iré al gimnasio todos los días antes del trabajo", "no voy a reservar ninguna reunión por las mañanas". Estos son cambios difíciles de hacer. Y no nos hacemos ningún favor cuando intentamos hacerlos.

Como mencioné en otros capítulos, la única forma de alcanzar estos objetivos importantes es trabajar en ellos de manera lenta y constante, día tras día.

Desafortunadamente, incluso si reservamos el tiempo para trabajar en estos cambios, terminamos autosaboteando nuestros horarios de varias maneras.

No nos damos el tiempo suficiente para planificar y programar realmente nuestros días.

Estás atrapado en ser reactivo y no proactivo. Si pasas todo tu tiempo reaccionando ante otras personas y otros eventos, ni siquiera tienes la oportunidad de organizar o anticipar lo que sucederá.

Usamos la tecnología como "el dispositivo de procrastinación más conveniente del mundo". Todos enfrentamos tareas, conversaciones y situaciones difíciles todos los días. Y aunque el correo electrónico y otras herramientas tecnológicas son excelentes para ayudarnos a hacer esto, también pueden interferir.

La meta y los objetivos que te estableces para cumplir tu sueño a veces pueden verse grandes, enormes, y resultar desalentador. Pero el camino para lograrlos se compone de miles de pequeños pasos. Tendemos a centrarnos en dónde estamos ahora y en lo que podemos lograr hoy. Pero a largo plazo, el ritmo del progreso importa mucho más que el punto de partida. Sí, es vital empezar motivado, pero de igual forma lo es poder continuar así en todo el proceso.

A continuación, le indicamos cómo acelerar su ritmo y mantenerse motivado a largo plazo:

Optimizar tu crecimiento para mayor constancia requiere de un sistema.

Para ver el sistema en general, desde el panorama general hasta los pasos individuales minuto a minuto, miro la física.

Existe un concepto conocido como fractal. Es una forma matemática de modelar estructuras en la que todo el patrón general se compone de infinitos patrones similares a escalas cada vez más pequeñas.

Hay un fractal particular que lleva el nombre del matemático que lo describió por primera vez, llamado triángulo de Sierpinski. Imagina un triángulo. Dentro de él, puedes encontrar tres triángulos más pequeños. Y dentro de esos triángulos más pequeños puedes encontrar más de la misma estructura. Y así.

Este es un buen modelo para el camino por delante. Este modelo fractal puede representar una amplia variedad de situaciones.

. . .

Piense en ello como el camino de novato a experto, que requiere representaciones mentales cada vez más profundas.

Puedes aplicarlo a tu trabajo y progreso creativo, desde las actividades que realizas hoy hasta tu trayectoria profesional definitiva. Y es un gran modelo para los objetivos finales de tu meta.

Simplemente hazlo paso a paso, día a día, ¿verdad? Suena tan simple. Pero la mayoría de la gente no puede mantener ese tipo de concentración diaria durante los meses y años necesarios para alcanzar un gran objetivo. Por eso este fractal es tan útil. Sobrealimenta la motivación al brindar una perspectiva vívida del proceso general y la mentalidad requerida, en tres partes.

1. Vuélvete obsesivo.

Juntos, muchos objetivos más pequeños culminan en algo grandioso. Pero cuando comienza a trabajar hacia una nueva meta, comienza a ver hasta dónde tiene que llegar. La mayoría de la gente finalmente pierde su entusiasmo inicial.

Quizás pensaste que querías aprender un nuevo idioma, pero resulta que la rutina diaria de conjugar verbos y aprender pronunciaciones no es tan divertida como esperabas.

Alcanzar tu objetivo final requiere obsesión. La intensidad a largo plazo necesaria para alcanzar tu meta es difícil de mantener, especialmente durante meses y años.

Debes tener un nivel de dedicación al objetivo general que te permitirá superar las dificultades y los giros equivocados.

Tienes que estar lo suficientemente obsesionado como para trabajar en los pequeños triángulos todos los días sin decidir que el esfuerzo realmente no vale la pena. Ser constante traerá mejores resultados que ser extremadamente motivado únicamente en el principio.

2. Visualiza tu yo futuro.

Entonces, ¿cómo mantienes ese nivel de dedicación y motivación? Creando una imagen vívida de tu yo futuro.

Tendemos a pensar en nuestro yo futuro como una persona completamente diferente, y eso puede distorsionar nuestra visión del trabajo que hacemos ahora.

· · ·

Los pequeños triángulos no parecen tan importantes cuando pensamos que van a ayudar a otra persona.

Tu yo actual puede tener ganas de saltarse la práctica de hoy. Pero mantener una visión clara de tu yo futuro continuamente le recuerda para qué es todo su esfuerzo. Le permite ver dónde encajan sus objetivos a largo plazo en el panorama general. Y ese yo futuro puede ser más que tú. Puede aplicarse a socios, equipos y empresas.

3. Realiza ajustes constantes en tiempo real.

Con una vista del presente y el futuro, puedes ver en tiempo real si tus actividades se están sumando al objetivo final deseado, y puedes corregir el curso según sea necesario.

A medida que continúes avanzando hacia tus objetivos a corto y largo plazo, inevitablemente tendrás correcciones de rumbo. No te agobies ni pienses que estás cometiendo un error, es completamente normal y necesario desviar el camino de vez en cuando por el bien de la meta. Cada acción que realices te proporcionará retroalimentación, te guiará en tu camino hacia adelante y te abrirá nuevos caminos a seguir.

· · ·

La experimentación y prueba de estos diversos caminos eliminará algunos triángulos y creará otros nuevos. Y el camino de los triángulos pequeños a los grandes actuará como una brújula, apuntando hacia tu meta final.

Al considerar tu trabajo, por ejemplo, comprende que cambiará drásticamente con el tiempo a medida que tomes diferentes caminos. Estos son caminos que no conocías al principio. Personalmente, solía pasar mis días en profundidad en materiales de investigación. Ahora, como escritor de tiempo completo, mi trabajo se ha orientado más hacia las personas. Tuve que cambiar de marcha y orquestar mi entorno para manejar mi nuevo curso donde mis mensajes son compartidos.

La estrategia que fue perfecta para ti el año pasado o respecto a una meta distinta puede no funcionar este año para esta nueva meta. Pero el triángulo de Sierpinski te permite pensar y organizar tus objetivos, lo que te mantendrá en la dirección correcta.

Es por eso que, el triángulo de Sierpinski es la mejor representación gráfica de un sistema para lograr mantener y organizar tu motivación.

13

La Motivación Surge En La Mañana

ESTE CAPÍTULO y el siguiente tratan acerca de realizar los tres pasos del proceso de motivación en tu itinerario, volviéndolo concreto y eficaz.

Personalmente, considero que estos capítulos acerca de estructurar intencionalmente tus rutinas de la mañana y tus rituales de la tarde te prepararán por completo para disparar esa motivación de manera instantánea y automática.

Ya que la estructura de 3 pasos para la motivación está diseñada en tu itinerario, estar motivado se vuelve un hábito.

¿Por qué es importante despertar la motivación en la mañana?

. . .

Empieza cada mañana disparando motivación con toda tu energía. Se debe a que es mucho más fácil volver a despertar tu motivación por la tarde en lugar de empezar desde cero cuando gran parte del día ya pasó.

En otras palabras, es bueno tener un primer impulso en la mañana, y luego por la tarde enfocarte en las mejores horas para tu trabajo creativo. Aquí te ofrezco una grandiosa estrategia que te permite empezar tu día y despertar tu motivación para progresar:

· Durante 15 minutos, para hacer surgir tu motivación, haz lo siguiente: observa tu meta principal y establece una conexión emocional con ella, medita acerca de eso, proyecta tu meta. Como un consejo extra, puedes tomar un baño de agua fría o ejercítate para disminuir el estrés y despertar.

· Durante 35 minutos, para lograr el enfoque, haz lo siguiente: trabaja únicamente por 5 minutos, y en el momento en el que sientas surgir la concentración, aférrate a esa motivación alarga el periodo de trabajo por 30 minutos más. Una vez que te encuentres progresando en tu trabajo, podrás continuar por el tiempo necesario y con la misma cantidad de energía y motivación.

Después de que te hayas ejercitado y hayas organizado tu día, es necesario que te des el tiempo para conectarte emocionalmente con tus ambiciones y razones mientras te preparas para empezar a trabajar.

No lo hagas de forma casual o informal. Siéntate durante 10 o 15 minutos y concéntrate en conectarte con tus metas, visualiza el punto al que quieres llegar y mírate entusiasmado en el proceso.

Entonces, es momento de atrapar un momento de concentración para que puedas sostener tu emoción durante todo el día.

Esparce esa dopamina, recuerda que los neurotransmisores se encargan de la inspiración y despiertan con sólo 5 minutos de trabajo. Y por último estira esa motivación para alcanzar la concentración permanente.

Recuerda: las pequeñas acciones ayudan al rendimiento máximo de la concentración.

Creo que tener una rutina diaria es fundamental para la productividad y el éxito. Pero lo que es más importante que eso es tener una rutina matutina. La mañana es tu momento para empezar de nuevo y empezar de nuevo. Cuando la mañana va bien, le da al resto del día impulso y energía.

· · ·

En el primer párrafo de esta publicación de blog, ya he destacado algunos beneficios de tener una rutina matutina.

Pero si sigues leyendo a continuación, te explicaré por qué todos deberían tener una rutina matutina.

Te da tiempo para ti mismo

La mañana es tu momento. Es el único momento del día en el que no te interrumpen las cargas del mundo exterior. Si puedes despertarte antes de que los demás se despierten, tienes esa tranquila soledad para hacer lo que quieras. Esto te da la oportunidad de ponerte al día con las cosas que realmente quieres hacer, reflexionar, salir adelante, hacer lo que quieras.

Cuando comienzas tu día con una rutina matutina, de hecho, estás invirtiendo en ti mismo primero. Esta inversión paga dividendos a lo largo de su día y durante toda su vida.

Le da impulso a tu día y lo hace más productivo

Cuando empiezas bien el día, automáticamente eres más productivo. Comenzar tu día con el pie derecho te da una ventaja para tu día y te permite salir adelante.

Si te despiertas y tienes prisa, estás tratando de ponerte al día y dejar que el día dicte lo que vas a hacer. Pero si te despiertas con una rutina, te estás adelantando y preparándote para el día. Estás actuando, en lugar de reaccionar. Estás siendo proactivo en lugar de reactivo.

Cuando te cuidas primero, te da impulso y motivación para conquistar el resto de nuestro día. Cuando eres capaz de hacer las cosas antes de que la gente se despierte, estás dando pequeñas victorias que se acumulan más tarde en el día.

Ya hablamos de una rutina matutina, pero ¿cuáles son los componentes de una rutina matutina? ¿En qué debe consistir tu rutina para que aproveches al máximo tu mañana y el resto de tu día? Estos son los ingredientes importantes de una rutina matutina:

· Sueño de calidad: el sueño de calidad es, con mucho, el componente más importante de una buena rutina matutina. No querrás despertar sin haber dormido bien la noche anterior. Entonces, ¿cómo te aseguras de dormir bien? Por un lado, me aseguraría de no usar mi teléfono inteligente o computadora portátil un par de horas antes de irme a la cama. La luz azul emitida por los dispositivos electrónicos interrumpe su ritmo circadiano. Además, dormir en la oscuridad total permite un sueño más profundo.

· · ·

Hay una razón por la que el mejor descanso nocturno es siempre en las habitaciones de hotel: usan cortinas opacas para bloquear todas las luces.

· Ejercicio: para maximizar tu potencial durante el resto del día, te sugiero que hagas algo de ejercicio cardiovascular por la mañana. Hacer cardio por la mañana permite que tu cerebro funcione mejor durante el día y con más vigor. También te permite dormir mejor por la noche.

· Ten un plan: debes planificar tu día antes o en la mañana. Si no tienes un plan para tu día, entonces estás dejando que el día dicte lo que debes hacer, no al revés. Me gusta tomarme 15 minutos la noche anterior para escribir lo que hay que hacer al día siguiente. Luego, cuando me despierto, me gusta revisar la lista durante 5 a 10 minutos para prepararme para el día.

· Trabaja en ti mismo: ya sea escribiendo, leyendo, un pasatiempo o un proyecto personal, la mañana es un momento para que trabajes en ello. Eso es lo que quiero decir con trabajar en ti mismo. No esperes hasta la noche cuando estés agotado del trabajo para invertir en ti mismo. Hazlo a primera hora de la mañana. Cuando haces esto, estás más feliz durante todo el día porque has hecho algo que te hace feliz.

· · ·

Le da una sensación de normalidad para aliviar su carga cognitiva

Aunque la espontaneidad puede traer algo de alegría a la vida, también debe haber algo de normalidad en aras de la eficiencia. ¿Realmente quieres despertarte y tienes que decidir qué hacer a continuación todos los días? Seguro que no. Esta sensación de normalidad significa que te despiertas todos los días sabiendo lo que vas a hacer a continuación sin siquiera pensar en ello. A veces, es bueno utilizar el piloto automático.

Estar en piloto automático alivia su carga cognitiva. Después de todo, la energía es un recurso finito. Cada decisión consciente que tienes que tomar supone una carga para tu cerebro y requiere glucosa. Cuantas más decisiones tomes, más cansado estará tu cerebro. Pero si está haciendo las cosas en piloto automático, eso alivia la carga de su cerebro y usa menos energía. Aunque no deberías vivir tu vida en piloto automático, definitivamente creo que tus mañanas son una de las pocas cosas en tu vida que deberían estar en piloto automático.

14

La Motivación Se Magnifica En
La Tarde

MUCHAS PERSONAS DICEN "TRABAJA durante 14 horas al día, esfuérzate y rebasa tus límites hasta que estés satisfecho", y es uno de los peores consejos. La mayoría de la gente que está insatisfecha, a parte de sentirse infelices como hemos discutido antes, están simplemente cansadas y fatigadas. Si has experimentado bajones antes, entonces sabes de lo que hablo.

Las largas horas que se sienten geniales al principio, se van empeorando durante la tarde, y desaparece toda tu creatividad y tu energía.

Para que nuestra motivación se pueda magnificar de manera temporal, debemos otorgarle un mayor valor a la palabra "recuperación".

. . .

El error que cometen al trabajar los creativos, emprendedores y demás profesionistas es que no toman descansos de 10 o 15 minutos por cada hora que trabajan.

Cuando estaba practicando escribir, dando todo mi esfuerzo sin tomar descansos, mi visión se volvía borrosa y mi cabeza empezaba a doler, todo eso por no tomar descansos pequeños para recargarme.

Deja clara la transición entre la mañana y la tarde

También, una de las principales claves es tener una buena transición entre el trabajo y el descanso. Puede ser una transición larga como una siesta de 20 minutos, una caminata al aire libre, o meditar porque tu cuerpo simplemente necesita recuperarse de las horas de trabajo, y tú debes estar al tanto de lo que tu cuerpo te pide.

Al final del día, la calidad de tu descanso durante la tarde se dicta por la calidad de tu día. Detente y analiza esto último detenidamente por unos segundos.

Tener esa paz y tranquilidad en la tarde es realmente generada por las horas previas: como administrar tu energía y bienestar durante tus horas de trabajo.

· · ·

Ese sentimiento de orgullo heroico que surge por haber hecho lo mejor durante el día justo antes de irte a dormir, realmente se logra por pasar el día con un corazón alegre y empezar el día motivado.

Así es como la motivación se magnifica en la tarde. A continuación, te daré una breve estructura para lograrlo de forma exitosa:

· Durante 30 minutos, después de trabajar, tómate un momento de recuperación: siesta larga, meditar, o tomar un paseo al aire libre.

· Durante 30 minutos, después de la recuperación, es necesario estirar la motivación nuevamente haciendo lo siguiente: platica con un mentor o guía para compartir el éxito y recibir consejos, o lee un libro que te enriquezca.

La creatividad adora la recuperación. Posiblemente no puedas mantener la motivación cuando te encuentras fatigado. Los niveles de cortisona que son las hormonas de estrés sólo aumentarán; tu positividad se irá apagando con el tiempo.

Así perderás tu habilidad cognitiva para tener ideas brillantes.

Sí, la vida es corta, pero con respecto a tu carrera, es mejor jugar a largo plazo.

Convierte tus tardes en un descanso de la sobreestimulación que es causada por los aparatos electrónicos y las plataformas que actúan como un vampiro hacia tu energía y claridad mental.

Celebra con tu mentor y tu núcleo social, lee y aprende para que más adelante puedas mantener la motivación.

Las 5 reglas claves para tener la motivación de artistas y creativos satisfechos

Ahora quiero dejarte con algunos principios extras, pero profundos que aprendí a partir de mis observaciones de las personas satisfechas, que vuelven a los más grandes íconos del mundo tan motivados a vivir una vida llena de satisfacción.

Estas son mis 5 reglas de motivación para llegar a sentirse satisfecho conforme vas logrando tus objetivos, y espero que te sirvan y aporten una nueva perspectiva acerca de la motivación, así como ayudarte a desenvolver esa valentía para buscar tu meta.

. . .

1. El progreso trae una vida alegre

Nunca dejes de crecer, establece la siguiente meta de inmediato. Hay una razón por la que los billonarios todavía le dedican horas de trabajo a su profesión, los artistas siguen pintando, los escritores siguen escribiendo.

Se debe a que ellos nunca detienen el progreso de crecimiento. Siempre recuerda que el secreto para una vida alegre es la constante búsqueda de la meta.

Siempre despertarás emocionado cada día porque sabrás que algo nuevo va a surgir, y a pesar de los obstáculos, sabes que vas a aprender y crecer más.

2. La recuperación es el secreto de la longevidad

La motivación de un montón de personas cae debido a que están demasiado extasiadas. Ya sea que estén yendo muy deprisa o que se estén enfocando en múltiples metas al mismo tiempo. La fatiga mata la creatividad, la fatiga mata tu motivación.

. . .

Para ser más saludable, necesitas maximizar tu energía y convertirte eficiente con ella porque no puedes estar motivado si te encuentras estresado y cansado.

Sólo puedes elegir un camino. Por lo tanto, elimina la mayoría de tus distracciones, como personas o tecnología, y establece un horario en el que vas a dejar de trabajar.

3. Celebra con tu núcleo social

Tener un mentor que te de retroalimentación y consejos, tener un núcleo de personas que puedan animarte para cumplir tus ambiciones, celebrar es esencial para mantener esa motivación.

Cuando yo me encontraba en un momento difícil y no era capaz de hacer surgir esa motivación, descubrí que es debido a que estaba consumiendo negatividad, tanto por familiares como por los medios de comunicación.

Enfócate en la calidad y en la positividad de las personas que te rodean y tu motivación surgirá sin problemas.

4. La satisfacción es una vida que tu diseñas

. . .

Tu carrera debe hacerte sentir completo y satisfecho. Al fin y al cabo, es en lo que más tiempo de nuestra vida dedicamos. Si detestas lo que haces, la motivación se escurrirá.

Busca la carrera y la vocación adecuada para ti. Experimenta y crea el estilo de vida adecuado que deseas ahora.

No esperes a ganar un millón de pesos sólo para que al final te des cuenta de que ni siquiera es lo que deseas en la vida y te sientas infeliz.

Piensa acerca de cómo puedes diseñar tu carrera para que sea parte de una vida legendaria, y siempre debes estar preparado para rediseñar porque todo cambia constantemente: tu vocación, tus relaciones, tu misión en la vida.

5. Prolonga y mantén una gran inspiración a partir de la naturaleza

Ya hemos aclarado antes que la motivación surge a partir de la novedad. Al leer libros en diferentes locaciones y hacer tu trabajo creativo en un área de trabajo distinto, surge la novedad y provocas la llegada de la motivación.

. . .

Al apreciar diferentes vistas de la naturaleza, tomar paseos largos y viajes a lugares lejanos, estiras tu motivación y tu entusiasmo se expande.

Es debido a que nuestras mentes siempre están en busca de esa novedad. Toma ventaja de este aspecto para mantenerte súper inspirado y motivado.

Cuando tienes una rutina matutina establecida, te vuelves más eficiente, productivo y concentrado en el trabajo. ¡Lo mismo ocurre con la rutina de la tarde! Si tú eres una de esas personas que siente que la caída posterior al almuerzo arrastra su productividad a mínimos históricos, aquí hay algunas cosas que puedes incorporar a tu rutina de la tarde para solucionarlo.

1. Hora de moverse: Dar una caminata después del almuerzo o una caminata unas horas antes de salir por el día ayudará a revitalizar tu energía. Hacer tiempo para moverte en tu rutina de la tarde te mantendrá motivado para superar las telarañas cerebrales que comienzan a formarse después de haber trabajado duro toda la mañana.

2. Momento perfecto para las reuniones: programar algo interactivo que no puedas cancelar es en realidad una buena idea para tu rutina de la tarde.

. . .

Te hará responsable de hacer algo, la naturaleza interactiva de las reuniones o las sesiones de colaboración con compañeros de trabajo te mantendrá enfocado, y estas tareas se reservan mejor para este período de tiempo porque necesitas concentrarte en tareas más desafiantes e impulsadas por el enfoque al siguiente día.

3. Dedica un poco de tiempo a un gran proyecto: tienes un gran proyecto que abordar, por lo que, naturalmente, probablemente te haya ocupado la mayor parte de la mañana. Si necesitas pasar de ese gran proyecto y concentrarte en el resto de tu carga de trabajo por las tardes, dedica sólo un pequeño espacio de tiempo (de 20 minutos a una hora) a hacer el progreso final en tu gran proyecto antes de pasar a otras tareas.

4. Concéntrate en las cosas fáciles: si deseas que una rutina de la tarde funcione, debes concentrarte en las cosas fáciles justo cuando regreses del almuerzo y pasar lentamente a un trabajo más desafiante. Esto te ayudará a adoptar una mentalidad de productividad y concentración. Cuando te concentras primero en las tareas más sencillas, podrás hacer muchas cosas en un corto período de tiempo. Con ese impulso, podrás volver a realizar la transición a un trabajo más desafiante fácilmente y podrás hacer mucho más por la tarde de lo que sueles hacer.

. . .

5. Lluvia de ideas y resolución de acertijos: si sientes que se avecina la niebla de una depresión de la tarde, dedica un tiempo de tu rutina de la tarde para la lluvia de ideas o la resolución de acertijos. Recuperar tus facultades analíticas y creativas despejará el camino para una tarde más productiva.

6. Planifica el día siguiente: una cosa para la que necesitas hacer tiempo en tu rutina de la tarde, preferiblemente al final, es planificar el día siguiente. Tomarte el tiempo para planificar el mañana te ayudará a mantenerte productivo desde el momento en que ingreses por la puerta al día siguiente hasta el momento en que te vayas.

Es posible que los expertos en productividad no hablen de las rutinas de la tarde con tanta frecuencia como de las rutinas de la mañana, pero su poder no debe subestimarse.

Si deseas concentrarte, hacer más trabajo y poder durante la segunda mitad de tu día de trabajo, asegúrate de tener una excelente rutina matutina que tenga en cuenta uno o más de los 6 puntos mencionados anteriormente.

15

Empezar desde 0 Significa
Empezar desde uno Mismo

Los valores personales y cómo dan forma a la motivación

Para la mayoría de las personas, los valores personales son el principal motivador. Tu moral y tus valores constituyen una gran parte de quién eres, por lo que tiene sentido que la moral y los valores jueguen un papel importante en motivarte a nuevas alturas.

Pero descubrir tus valores personales significa que tienes que mirarte a ti mismo, y eso no es tarea fácil.

Empieza por hacerte algunas preguntas como: "Cuando era más feliz, ¿qué estaba haciendo? Con quién estaba yo

· · ·

¿Qué me hizo tan feliz? y, "¿Cuándo me sentí más orgulloso, más satisfecho o más realizado? ¿Qué valores tuve en mi vida durante esos tiempos?".

En mi propia vida, hubo muchas ocasiones en las que estaba completamente arruinado y decepcionado de mí mismo. Me sentía deprimido y no me gustaba lo que pasaba a mi alrededor. Pasé por un largo proceso en mi búsqueda por escribir y mis valores me anclaron y me animaron en esos momentos en los que me sentía peor.

Los valores son ideas simples que te protegen y te hacen crecer como persona, y algunos de esos son la honestidad, la responsabilidad, la consistencia, la fuerza, la lealtad, etc. Si te das cuenta, este tipo de valores pueden aportar mucho a tu rendimiento profesional y artístico.

Cualquier cosa en la que creas firmemente se considera un valor. Si no sabes por dónde empezar, escribe lo que es importante para ti. Pueden ser cosas simples o ideas generales como amigos, familia, éxito, etc. Por lo general, estos son tus valores fundamentales y las respuestas pueden sorprenderte.

Adaptando tus valores fundamentales

. . .

Una vez que hayas definido tus valores, puedes usarlos para impulsar tu motivación. Si la honestidad es algo que valoras, adquiere ese valor y úsalo como motivador en tu viaje de crecimiento personal.

La motivación es lo que nos ayuda a mejorar y seguir mejorando a lo largo de nuestra vida. Los valores personales cambian con el tiempo, así que asegúrate de reevaluar tus valores de vez en cuando. Si tus valores no se alinean con tus objetivos, observa ambos más de cerca para que puedas adaptarte.

Cómo mantenerse motivado

Es difícil mantenerse al día con la motivación interna si no tienes concentración y disciplina. ¿Por qué? Porque el enfoque y la disciplina son el núcleo de la motivación.

Cuando pones enfoque y disciplina junto con valores y metas personales, se crea una fuente de energía que se convertirá en tu combustible. Ese combustible puede durar para siempre si lo haces bien.

Mantenerse motivado es una de las cosas más difíciles con las que te encontrarás. A veces, ocurre un mal día y simplemente no puedes encontrar tu motivación.

¿Verdadero o cierto? Sólo recuerda: no siempre estarás motivado, por lo que debes aprender a ser disciplinado.

A continuación, te presento algunos consejos y trucos para mantener la motivación incluso cuando las cosas se ponen difíciles:

Asumir la responsabilidad personal de tus elecciones; sí, ¡hasta los malos! La responsabilidad te ayuda a tener un sentido de autoconciencia, que es crucial para mejorar y avanzar.

No interactúes con personas que son constantemente negativas o te deprimen. Ya sea que se trate de familiares, amigos o compañeros de trabajo, te encontrarás con personas que no tienen ninguna motivación para hacerlo mejor o lograr nada en la vida. Rodearse de gente desmotivada solo te deja sintiéndote sin apoyo, y el viejo dicho "la miseria ama la compañía" es cierto.

Escucha y lee discursos, videos, artículos, libros o revistas motivadoras. Leer material de personas exitosas o personas que motivan a otros puede aumentar tu propia motivación.

Ofrece un sentido de comunidad y te permite saber que no estás solo en tu viaje.

Hay millones de personas que están tomando el control y cambiando sus vidas mediante la automotivación.

¡Recuerda el sueño! Recuérdate a diario tus valores, por qué empezaste y dónde quieres estar. Mantener esos valores al frente de tu mente cuando las cosas se ponen es crucial para alcanzar tu meta.

Seguimiento de tu progreso. Al mirar hacia atrás en tus logros, obtendrás una sensación de logro y satisfacción. El seguimiento de tu progreso puede darte un impulso rápido de autoestima y ayudarte a superar los momentos difíciles. ¡Has llegado tan lejos, sigue presionando!

Somos nuestros peores críticos, pero es importante mantener un equilibrio entre la responsabilidad y los insultos. A veces, necesitas darte una patada en el trasero por no cumplir una fecha límite o no lograr un objetivo, pero no seas demasiado severo. No querrás crear el hábito de menospreciarte. Te caíste y está bien porque el fracaso no es el final. Tener miedo de fracasar puede impedirte el éxito.

Nunca dejes que el miedo al fracaso o el fracaso mismo te detenga.

. . .

Tómate un descanso de vez en cuando. Esforzarse al 110% durante semanas es agotador. Cuidar de ti mismo es fundamental para alcanzar tu meta. No sólo está bien tomar descansos, es necesario. Establecer horas de trabajo dedicadas o utilizar un sistema de programación de bloques son excelentes formas de evitar el exceso de trabajo. Recuerda que descansar está bien, siempre y cuando vuelvas a la rutina. Ten esto en cuenta: un cuerpo en movimiento permanecerá en movimiento y un cuerpo en reposo permanecerá en reposo. Y recuerda: la acción siempre es mejor que la inacción.

Evita la procrastinación. Si hay algo que mata la motivación, es la distracción. Si es necesario hacer algo, hazlo.

Esperar hasta el último minuto sólo crea más presión y estrés. También puede resultar en un producto que podría haber sido mejor. Hazlo ahora. Algunas veces, más tarde se vuelve nunca. La procrastinación a menudo está impulsada por sentimientos relacionados con la angustia o ansiedad provocados por una tarea determinada. Pero hay formas de superar la incomodidad y vencer la procrastinación. Puedes dividir el proyecto en partes pequeñas y más manejables; lograr un paso alimentará tu motivación para el siguiente.

Puedes establecer límites para el tiempo dedicado a prepararte para comenzar o apuntar a completar las tareas lo más rápido posible. También puedes establecer una recompensa que obtendrás después de completar la tarea o parte de ella.

La automotivación requiere práctica, pero si sigues estos consejos, te resultará más fácil mantener la motivación en el futuro. Con algo de creatividad y fuerza de voluntad, realmente puedes encontrar el tiempo y la energía para hacer realidad tus sueños.

¿Alguna vez has iniciado una gran limpieza de armario, has iniciado un programa de pago de deudas o has intentado simplificar tu vida de otras formas sólo para perder la motivación a mitad de camino? Tal vez te detuviste porque no tenías un sistema de apoyo sólido o te resultó demasiado difícil continuar. Lo que pasa con la simplicidad es que no siempre es fácil, especialmente al principio. En la mayoría de los casos, tampoco sucede de la noche a la mañana, por lo que es esencial encontrar formas de mantener la motivación.

La buena noticia es que con cada cosa que sueltas, te sientes un poco más ligero. El nuevo espacio y tiempo que crees te servirá de motivación e inspiración para seguir adelante.

Aquí hay 5 formas de mantener la motivación para simplificar tu vida y posiblemente inspirar a las personas que te rodean a simplificarla también.

1. Dale vida.

Leer y compartir libros y publicaciones de blog es una excelente manera de mantenerte inspirado mientras pagas tus deudas, ordenas y comienzas a vivir una vida más simple.

Dar vida a lo que lees es una dosis aún mayor de inspiración.

2. Pon tu corazón en el juego.

Si tu corazón no está en el juego, el cambio permanente no tiene ninguna posibilidad. Entiende realmente tu motivación para cambiar. ¿Qué estás tirando de tu corazón? Por ejemplo, dejar el azúcar para perder un par de kilos y poder entrar de nuevo en los jeans de la escuela secundaria para una reunión puede llamar la atención de tu ego, pero es posible que realmente no le hables a tu corazón con mayor profundidad. Pero, si crees que dejar el azúcar te ayudará a dormir mejor, a prevenir el cáncer y a vivir más tiempo ... ahora es una cuestión del corazón.

¿Por qué quieres simplificar tu vida? Hazlo para una mejor salud y más amor. No puedo decirte cuáles son tus razones, pero sé que una vez que las identifiques, las vocalices y las escribas, nunca mirarás atrás.

Una vez que tu corazón esté en el juego, encontrarás la fuerza que necesitas para soltar el desorden, el ajetreo y todas las otras cosas que se interponen entre tú y lo que más importa.

3. Filtra tus redes sociales.

Llena y limita tus redes sociales con inspiración o cosas que te enriquezcan. Si parte del filtro requiere también reducir el constante uso de las redes sociales, prueba un ayuno digital durante las 24 horas de la semana y configura un temporizador cuando las uses para tener mayor control de tu tiempo. Es muy fácil encontrar interés por el contenido de las redes y sumergirte en ellas desperdiciando horas muy valiosas de tu día, pero si configuras un temporizador, se te recordará que debes desconectarte y salir a caminar o hacer otra cosa que disfrutes.

4. Vívelo ahora.

No tienes que esperar hasta estar libre de deudas, libre de desorden o vivir de la manera más simple posible para disfrutar de tu vida. Encuentra pequeñas formas de disfrutar de la vida más simple que estás creando cada día. Da un largo paseo. Cocina una comida sencilla. Pasa una noche sin teléfono con tus seres queridos.

. . .

5. Sé bueno contigo mismo.

Los grandes cambios generalmente vienen con algunos resbalones y deslizamientos, algunos pasos hacia adelante y luego aún más hacia atrás. No te castigues ni permitas que la culpa te impida volver a intentarlo. Sé bueno contigo mismo. Cuida tu cuerpo, corazón, mente y alma. Las cosas buenas toman tiempo. Tienes esto.

16

Un Entorno Positivo Permite el
Desarrollo de la Motivación

Durante casi todo el libro, te he hablado de la importancia que tiene tu auto determinación y esfuerzo para lograr despertar y mantener la motivación necesaria para alcanzar tu meta y tus objetivos.

Sin embargo, tu entorno también afecta directamente este crecimiento personal. Las personas que te rodean, los ambientes y lugares que frecuentas, las actividades en las que te ves comprometido; todo eso puede estar siendo un obstáculo en tu búsqueda de felicidad. La buena noticia es que tú también eres capaz de modificar eso y buscar lo que es mejor para ti.

La energía emocional está a nuestro alrededor. La forma en que interactuamos y nos conectamos con las personas tiene un efecto duradero en nuestras vidas, y este efecto es positivo o negativo depende en gran medida de la energía emocional con la que nos rodeamos. Cada persona aporta algo diferente a una relación, y cuanto más positivas son las personas que dejamos entrar en nuestras vidas, más seguros, energizados y conectados con la vida nos sentimos.

Cuando la mayoría de nuestras relaciones implican rodearnos de energías negativas, nuestras energías corren el riesgo de volverse negativas también. La negatividad afecta la forma en que vemos nuestra vida y las vidas que nos rodean. La falta de interacciones y pensamientos positivos puede causar ansiedad, depresión y aislamiento.

No es fácil catalogar a las personas por "negativas", sobre todo cuando estás hablando de tus amigos, familiares o parejas. A veces nos encontramos aferrados o dependientes a ciertas personas y permitimos que sus actitudes nos afecten. Es por eso, que decidí enumerar algunas características de las personas negativas o pesimistas que pueden arruinar tu proceso de motivación:

Siempre se preocupan

Las personas negativas sobreviven con preocupaciones, una dieta muy poco saludable. Esta mentalidad está orientada hacia la necesidad de sentirse protegido y consciente en un grado extremo.

. . .

Practicar la atención plena y permanecer en el presente son excelentes formas de aplastar las preocupaciones.

Intentan decirte qué hacer

Cuando la gente empiece a decirte qué debes hacer con tu vida, qué casa comprar o si debes cambiar de trabajo, puedes estar seguro de que están en el pelotón negativo. No se dan cuenta, pero esta es una señal segura de que no han resuelto sus propios problemas de vida. ¡Es mucho más fácil decirles a los demás cómo vivir sus vidas!

Viven en la posición predeterminada

Existe una explicación neurológica de por qué algunas personas terminan siendo tan negativas. Tiene que ver con la parte del cerebro llamada amígdala, que funciona como una alarma y está constantemente al acecho del peligro, el miedo y las malas noticias. Los científicos creen que esta es la posición predeterminada del cerebro. En términos evolutivos, esto es comprensible; todo es parte del mecanismo de huida del miedo en el que el cerebro utiliza la mayoría de sus neuronas para mantenerse al día con todas las malas noticias almacenadas en la memoria.

. . .

Las personas positivas desarrollan la capacidad de evaluar y afrontar problemas que pueden contrarrestar este mecanismo.

Disfrutan del secreto y los chismes

Si conoces a una persona negativa en una fiesta, es posible que la conversación te resulte bastante tediosa. Temerosos de revelar demasiada información sobre sí mismos, viven con el temor de que al hacerlo se use en su contra de alguna manera. Rara vez piensan que lo que comparten podría usarse de manera positiva.

Son pesimistas

Mi madre era la mayor pesimista del mundo. Al ver nubes amenazantes en el camino a la playa, invariablemente decía que lo mejor del día se había ido (y no recuerdo ningún aguacero cuando tuvimos que regresar a casa).

Las personas negativas rara vez prevén un resultado feliz o un gran resultado. Siempre imaginan que todo saldrá mal.

No pueden limitar su exposición a malas noticias.

. . .

A las personas negativas les encanta entrar a su cubículo y decir cosas como: "¿Has escuchado las terribles noticias sobre ...?", Después de lo cual te informan de todos los detalles sangrientos. La tragedia es que la sobreexposición a noticias negativas afecta a una persona más profundamente de lo que se pensaba. Las investigaciones han demostrado que la exposición de los medios a la violencia, la muerte y la tragedia contribuye a la depresión y la ansiedad, así como al trastorno de estrés postraumático (TEPT). Colorea la perspectiva de la vida de una persona negativa.

Es por eso que, debes limitar la cantidad de noticias que ves en la televisión y en tus dispositivos tecnológicos. ¿Difícil? Quizás. Pero es esencial para mantener una actitud positiva.

Son extremadamente sensibles a los comentarios

Es probable que aquellos que son negativos sean demasiado sensibles a las críticas, incluso acepten los cumplidos de manera incorrecta. Interpretan los comentarios inocentes como condescendientes o groseros. Por ejemplo, una persona negativa puede encontrar ofensivas las bromas sobre las personas bajas porque ellas mismas no son muy altas.

Se quejan mucho

. . .

Las personas negativas tienden a quejarse mucho, convencidas de que el mundo entero está en su contra. Suelen ser víctimas del mal tiempo, un jefe difícil, mala suerte y su educación. Rara vez dan un paso atrás para mirar otros factores, como la falta de energía, creatividad o simplemente trabajo duro.

Nunca se mueven fuera de su zona de confort

Salir del mundo familiar es un anatema para aquellos que son negativos. No pueden enfrentar la posibilidad de más miedo, incomodidad, desafíos o fracasos. Por lo tanto, nunca pueden probar nuevas experiencias y están condenados a vivir en su zona de confort aburrida y lúgubre.

Les encanta la palabra "pero"

Una persona negativa podría decir algo positivo o incluso felicitarte por tu excelente cocina. Puede que les guste encontrarse en la playa o en un restaurante. El único problema: terminan sus comentarios con la palabra "pero", convirtiendo esto positivo en negativo. Recibes comentarios como "Parece un gran restaurante, pero me pregunto por qué no reservaste una mesa afuera" o "Es una playa hermosa, pero siempre hay demasiada gente alrededor".

. . .

Son personas de bajo rendimiento

La falta de éxito puede deberse a muchos factores, pero la negatividad es la causa principal. Las personas negativas generalmente piensan que no son lo suficientemente inteligentes, atléticas o buenas. Pero la verdadera amenaza para su éxito es que su inteligencia emocional está paralizada por su actitud a menudo crítica y confrontativa. Además, lo obsequiarán con historias de lo difíciles que eran las personas, de cómo nunca colaborarían y de lo imposible que era llegar a algún lado con ellas.

Nunca se emocionan con proyectos futuros.

¿Ha notado que aquellos que son negativos nunca pueden hablar de planes o proyectos futuros de manera positiva? En realidad, rara vez hablan de planes porque están demasiado absortos en su miseria actual. Como persona positiva, tienes sueños. Tienes proyectos y visiones de cómo será tu futuro. Estás en una carretera abierta mientras ellos están atrapados en un túnel oscuro.

Se convierten en vampiros de energía.

Además de ser exigentes, las personas negativas absorben toda tu energía, como un vampiro.

Simplemente son incapaces de producir energía positiva y absorberán su atención, tiempo y energía a medida que proceden a arrastrarlo por la espiral de negatividad.

Se pierden las cosas buenas de la vida.

Una persona negativa difícilmente reconocerá la alegría, la pasión, la alegría y la emoción. Estas no son emociones o sensaciones que experimentan con regularidad.

Por supuesto, esto no es sorprendente si se considera que estas personas están obsesionadas con sus trabajos, relaciones y estatus social insatisfactorios.

Le dan un giro negativo a las buenas noticias

Está emocionado de compartir buenas noticias sobre el trabajo de sus sueños, el compromiso o una nueva casa. Pero cuando quieres decirle a una persona negativa, dudas. ¿Por qué? Sabes que siempre encontrarán la manera de hacer que suene negativo. Le advertirán que tenga cuidado, le advertirán de los peligros y le dirán que piense detenidamente antes de aceptar.

. . .

La mejor manera de lidiar con toda esta negatividad es agradecer a tu estrella de la suerte que eres positivo y que has superado la mayor parte de la negatividad en tu vida.

Cuanto más negativa sea una persona, más feliz puede ser de no ser como ella, y tendrá mucho cuidado de no quedar atrapado en su red.

Seguramente aparecieron en tu cabeza algunos nombres mientras leías las características previamente mencionadas. Pero no te preocupes, independientemente de lo negativas que puedan ser las personas que quieres, no está en tus manos ni es tu responsabilidad corregirles eso. con tu misma positividad y motivación estarás ayudándoles a cambiar su perspectiva y a recibir un poco de luz en sus vidas.

Tampoco se trata de cortar toda relación con personas que cumplan estas características porque en realidad es, hasta cierto punto, normal que todos pasemos por momentos de pesadumbre. Basta con tomar una distancia saludable y enfocarte en un principio únicamente en tu bienestar.

También puede suceder que tú mismo te hayas identificado con estas características de las personas negativas. No te preocupes. Estar leyendo este capítulo del libro significa que tienes la intención suficiente para cambiar eso, así que el paso más difícil ya lo has dado.

Ya que has identificado las zonas negativas de tu vida, te introduciré algunos aspectos importantes a considerar para tener un estilo de vida más positivo y una mentalidad más motivada.

La mayoría de nosotros queremos sentirnos más vivos, empoderados y positivos en nuestra vida diaria. Pero ¿cómo hacemos eso? ¿Hay un secreto, un buen consejo, una forma infalible?

Honestamente, sí. ¿El secreto? Rodéate de gente positiva.

Ahora bien, esto puede ser más fácil para algunos y más difícil para otros. Que sea fácil o difícil para ti depende de las relaciones que hayas cultivado a lo largo de tu vida. Pero si deseas mejorar tu felicidad, tus hábitos y tu satisfacción general con la vida, debes rodearte de positividad.

Por qué las relaciones personales son tan influyentes

Necesitamos relaciones en un nivel muy básico. Los lazos estrechos aumentan nuestra satisfacción con la vida.

. . .

Período. Tener relaciones cercanas aumenta nuestro disfrute de la vida. Combate la soledad, que es un gran obstáculo para la felicidad y la positividad.

Necesitamos compartir las experiencias de nuestras vidas. Tener a alguien a quien contarle nuestras buenas noticias. Para compadecerse cuando algo no va bien y recibir una palabra de aliento. Necesitamos amor y conexión. Nuestras relaciones crean un sentido de pertenencia y hogar.

Pero va más allá del amor y la pertenencia. Nuestros seres queridos también influyen poderosamente en nuestra mentalidad, decisiones y elecciones.

Claro, algunas personas quedan atrapadas en el glamour de admirar modelos inspiradores y aspiracionales. Este tipo de celebridades superficiales y personas influyentes en las redes sociales (usted conoce a las personas exitosas de las que estamos hablando) no lo alentarán a vivir la vida como su mejor yo. Pero aún así, algunas personas miran las vidas perfectas de Instagram de estas personas y piensan: "Eso es lo que quiero".

Pero, en realidad, son nuestras relaciones más cercanas las que más nos impactan. Las relaciones cotidianas que tenemos con las personas que realmente conocemos y por las que nos preocupamos profundamente.

Nuestros buenos amigos y familiares nos influyen mucho más que los oradores motivadores y los millonarios.

¿Por qué? Es porque tenemos ese profundo acorde de conexión con ellos. Realmente nos importa lo que piensan.

Queremos su aprobación o escucharlos animarnos o incluso simplemente tenerlos de nuestro lado. Nos importa más que nada.

Cómo las personas positivas (y las personas negativas) influyen en tu vida

Ahora bien, es importante recordar que la influencia funciona en ambos sentidos. Funciona a tu favor cuando te rodeas de las mejores personas, y funciona en tu contra cuando te rodeas de gente mala o gente que te deprime.

Si tu mejor amigo es extremadamente negativo, ¿no estarás siempre intercambiando vibraciones negativas? ¿No es eso perjudicial para tu mentalidad positiva?

Por el contrario, si eliges vivir la vida junto a personas de ideas afines que te animan a ser tu mejor yo, te convertirás en una mejor versión de ti mismo.

Mantendrás hábitos saludables, serás un mejor amigo, un mejor miembro de la familia, tendrás más tranquilidad y potenciarás tu superación personal.

Las personas negativas te llevan a pensar en tus limitaciones y miedos. Las personas positivas se enfocan en el crecimiento y las metas.

¿Con cuál elegirás rodearte?

Creo que puedo saber tu respuesta, así que te ofrezco unos pasos para hacer ese cambio en tu vida de manera exitosa. Considera y reflexiona muy profundamente estos próximos puntos y visualizalos ya hechos realidad en tu vida.

1. Liberar las relaciones malas con personas negativas

Una de las cosas más desafiantes de rodearte de personas que te hacen mejor es que a veces las personas más cercanas en tu vida, las personas que conoces desde hace años, no entran en esa categoría.

Entonces, ahora tienes que tomar una decisión. Debes sopesar los pros y los contras de esa relación.

Puede que sea el momento de liberar o reducir esa relación si te das cuenta de que no te sirve. Puede ser una elección difícil y emocionalmente agotadora, pero si quieres mantener la positividad en tu círculo social, este es un paso necesario (aunque desgarrador).

2. Sea una persona positiva y atrae a otras personas positivas

"Me gusta" llama a "me gusta", de acuerdo con la Ley de Atracción, por lo que adoptar la positividad es absolutamente esencial para atraer a otras personas positivas, exitosas y motivadas a tu órbita.

Si te gusta establecer nuevos objetivos y escuchar podcasts, busca personas con ideas afines que hagan lo mismo. Si te gusta la superación personal y salir de tu zona de confort, busca ese tipo de personas.

Al vivir la vida que desea, atraerá a la multitud adecuada.

3. Sal con gente exitosa

. . .

La mejor manera de generar impulso y mejorar rápidamente en cualquier cosa es practicar con alguien más avanzado.

Tendrás que ser rápido y trabajar duro para mantenerte al día, pero los resultados valdrán la pena. Las personas exitosas te desafían a crecer y cambiar, y sacan lo mejor de ti.

Las personas exitosas no tienen miedo de hacerlo y, a veces, ese puede ser exactamente el impulso que necesitas para tener éxito.

4. Rodéate de animadores

Un componente imprescindible para mantener una actitud positiva es tener una gran red de apoyo. Las personas positivas pueden aceptar un cumplido con gracia y saber cuándo dar un impulso a los demás también.

Los animadores son motivadores. Levantan a otros; no los arrastran hacia abajo. Los buenos amigos también hacen eso. ¿Tus amigos y familiares actuales lo apoyan? ¿Reconocen un trabajo bien hecho? ¿Se emocionan cuando tú estás emocionado por algo?

· · ·

De lo contrario, es posible que debas aumentar un poco la positividad en tu círculo. Porque recibir comentarios alentadores es necesario para una buena salud emocional y mental.

5. Haz amigos con personas fuera de su zona de confort

¿Estás atrapado en tus propias limitaciones? ¿Tu grupo social permanece dentro de cierta frontera?

Las personas felices y positivas tienden a diversificarse. Se estiran. Alcanzan las estrellas. ¿Y sabes qué? Les encanta.

¡Les encanta conocer gente nueva con ideas interesantes y nuevas formas de ver el mundo!

Entonces, reflexiona acerca de esta simple pregunta hoy: ¿Es tu círculo de buenos amigos demasiado pequeño?

Si es así, sal de su zona de confort y rodéate de personas que hagan lo mismo.

. . .

No hay nada mejor que conocer gente nueva, unirse y descubrir la comunidad de una manera nueva.

Estos consejos te ayudarán principalmente a crear un ambiente cómodo y positivo para que te desenvuelva. Así como eres capaz de cambiar y crear tu estilo de vida, también puedes hacerlo con tu entorno. Sin embargo, puede que el punto 2 resulte distinto, ya que el convertirte tú mismo en la persona positiva es un proceso un poco más largo.

Debido a eso, es importante señalar distintos aspectos acerca de qué puedes hacer para empezar a tener una mentalidad positiva y poder compartir con tu entorno positivo esa misma energía y visión. En otras palabras, se trata de fusionarte con ese ambiente ideal que has formado.

1. La felicidad es contagiosa: una de las mejores formas de encontrar la felicidad es encontrar a aquellos que saben cómo nutrir y crear su propia felicidad, y compartirla libremente. Pasa tiempo con estas personas y verás el mundo de manera diferente.

2. La risa es una excelente manera de vincularse con los demás: una excelente manera de conectarse con los demás es compartir la risa o pasar tiempo divirtiéndose con ellos.

. . .

Ver cómo alguien reacciona ante una situación divertida y sentirse atraído por el buen humor es una excelente manera de vincularse y conocerse mejor.

3. Menos quejas es bueno para todos: todos sabemos que la vida puede ser difícil. Todos tenemos nuestras luchas. Pero, ¿no es refrescante pasar tiempo con personas que no pierden tiempo y energía quejándose? Casi puedes sentir que tu ánimo se levanta alrededor de alguien que está dispuesto a ver lo bueno en las cosas.

4. Aprenda estrategias de afrontamiento: Todos tenemos nuestras estrategias para afrontar los días difíciles y los momentos difíciles. Pero no está de más inspirarse en quienes te rodean. Es posible que tengan ideas que no has considerado. Mejor aún, ¡puede que te inviten a unirte a ellos! Sus paseos nocturnos o sus paseos por la librería pueden convertirse en tu nueva salida favorita en los días estresantes.

5. Nos volvemos como aquellos a quienes tenemos más cerca: Hay un viejo dicho que dice que nos convertimos en aquellos a quienes elegimos tener más cerca. Mira a tu alrededor en tu círculo íntimo de amigos y confidentes. ¿Son ellos en quienes te gustaría convertirte? ¿Los admiras y respetas? Si no es así, quizás deberías considerar por qué no lo haces y abrir tu círculo a una nueva inspiración.

. . .

Vale la pena el tiempo que puedes tomar para rodearte conscientemente de personas que pueden crear bondad para sí mismos y para quienes los rodean. Echa un vistazo a tu alrededor y ve: ¿parece que te sientes atraído por la gente feliz? ¿Por qué o por qué no?

17

Cuando La Depresión Está De Por Medio

A PESAR de que todo lo enseñado en este libro puede variar dependiendo el estilo de vida o la meta de cada persona, así como ir disminuyendo o aumentando su nivel de constancia y dificultad, es verdad que para algunos llega a ser casi imposible. La depresión es un trastorno de salud mental que afecta las emociones y provoca un desinterés hacia todo.

Una persona con depresión puede tener mayores obstáculos al momento de establecer una meta y tratar de alcanzarla; es por eso que, buscando integrar y ayudar a esas personas, mencionaré algunos puntos en los que pueden trabajar para poder llevar a cabo los consejos que he presentado en los capítulos anteriores.

6 consejos para motivarte cuando te encuentras deprimido

. . .

Si identificas cambios en el estilo de vida que podrían hacer que una persona deprimida se sienta mejor, una respuesta común es "Es más fácil decirlo que hacerlo". Alguien que está lidiando con la depresión probablemente ya sepa lo que se supone que debe hacer, pero la pregunta es cómo.

Después de todo, la depresión mata la motivación, la energía, el interés y la concentración. Aquí hay algunas estrategias para motivarte a comenzar cuando te encuentres deprimido:

1. Establece pequeñas expectativas al inicio.

Cuando estás deprimido, no estás funcionando en tu habitual 70 a 90%. Más bien, estás sentado en algún lugar más cercano al 20%. Si estableces las mismas expectativas para ti que tenías cuando no te sentías deprimido (que a veces es simplemente vestirse), te sentirás ansioso y abrumado y probablemente no harás la tarea que esperabas de ti mismo (y así te sentirás derrotado y avergonzado).

En su lugar, establece metas pequeñas y específicas: Limpia los trastes. Diablos, limpia tres vasos. ¿Tarea completada y todavía con ganas de más? Siempre puedes subir el listón si te sientes particularmente motivado.

. . .

Ten en cuenta que, si te sientes muy abrumado al abordar tu objetivo, es probable que sea demasiado alto y debas reducirlo a algo más realista o específico.

Recuerda que este ritmo no será para siempre, y que eventualmente tu ánimo mejorará y podrás establecer expectativas más altas de ti mismo y tus logros.

2. Practica la autocompasión.

Si te castigas por ser tan "improductivo" y "vago", te mantendrás sintiéndote mal y, por lo tanto, paralizado. En su lugar, intenta usar las mismas palabras de aliento que podrías usar para un amigo o ser querido.

3. Recluta apoyo o pide ayuda.

Algunos de nosotros tenemos problemas para responsabilizarnos en el mejor de los casos. Con poca motivación o energía, es mucho más difícil. Confía en alguien de tu núcleo social y pídele ayuda. Pídele a un amigo que lo mantenga en su compromiso. Pídele a tu pareja que te acompañe a una clase de yoga. Intégrate a un grupo de apoyo, cita de consejería o masaje de antemano para que estés más motivado y puedas trabajar con eso que te hace sentir mal.

4. Visualiza cómo te sentirás después de la tarea.

Darse una ducha, salir a caminar, preparar una comida o pasar el rato con un amigo parece una tarea muy siniestra si te concentras en el esfuerzo que implica. Las personas deprimidas generalmente tienen una baja autoeficacia, lo que significa que tienen poca confianza en su capacidad para realizar tareas. Como tal, tienden a sentirse abrumados y evitan tales tareas. Disminuye las expectativas para ti mismo dentro de la tarea y visualiza cómo podrías sentirte después de la tarea en lugar de durante.

5. Fíjate en la meta de hacerlo, no de disfrutarlo.

Cuando te sientes deprimido, es natural perder interés en las cosas que solían hacerte feliz. La comedia ya no es divertida, los deportes ya no son divertidos, pasar tiempo con los amigos ya no es atractivo. La ansiedad, la depresión y el autodesprecio se apoderan de ellos, lo que lleva a sentimientos de desapego y derrota. Entonces, cuando hagas algo "divertido" o "activo", hazlo con el objetivo de hacerlo, no de disfrutarlo.

De nuevo, se trata de algo que no durará mucho, debes tomar en cuenta de que pronto irás disfrutando y deseando vivir esos momentos.

6. Reconoce tu valentía para salir de tu zona de confort.

A pesar de lo doloroso que es, la depresión puede volverse cómoda en una forma de "diablo que conoces". Sabes qué esperar, en su mayor parte. Conoces el dolor, estás sufriendo, puedes predecir que mañana será más de lo mismo. La idea de salir de esta zona de confort puede provocar bastante ansiedad. Pero estar consciente de eso y dar pasos aventurados hacia adelante te permitirá ir desapegándote de esos sentimientos.

La depresión clínica puede cambiar tu cerebro de una manera que dificulta experimentar una sensación de placer o recompensa. Cuando te sientas deprimido, triste, entumecido o simplemente agotado, es posible que sientas que nada tiene sentido. Podrías pensar "¿Cuál es el punto? No va a cambiar cómo me siento".

Un error común es que necesitamos sentirnos motivados para hacer algo, así que esperas el día en que te despiertes sintiéndote más motivado, para comenzar a involucrarte en la vida y comenzar a sentirte más como tú mismo nuevamente. La motivación no surge mágicamente de la nada, tiene que cultivarse. Tenemos que hacer algo para despertar la motivación.

. . .

Maneras de aumentar la motivación

Aquí hay algunas estrategias que han demostrado ser efectivas para mejorar la depresión y aumentar la motivación:

Identificar comportamientos placenteros

Un buen lugar para comenzar es hacer una lista de las cosas que disfrutaste hacer en el pasado o las cosas que te gustaría comenzar a hacer. Pregúntate: "¿Qué siento que puedo hacer en este momento?" "¿Qué me ha inspirado en el pasado?" "¿Qué es algo que siempre he querido hacer?" No hay un lugar correcto o incorrecto para comenzar. El primer paso para identificar actividades placenteras o significativas, para moverte y hacer algo diferente a lo que has estado haciendo, es lo más importante.

Establecer metas realistas

El segundo paso es establecer metas y expectativas realistas. Piensa en lo que puedes hacer en ese momento y reduce la escala. Por ejemplo, si crees que puedes caminar 20 minutos, comienza con 15 minutos.

· · ·

No querrás esforzarte y exagerar. Si tu objetivo es demasiado grande y no puedes lograrlo, te decepcionarás de ti mismo, experimentarás pensamientos negativos y sentirás que no quieres volver a intentarlo. Entonces, en lugar de prepararte para el fracaso, concéntrate en establecer metas pequeñas y alcanzables; alcanzarlas promoverá pensamientos y sentimientos positivos sobre ti y, por lo tanto, aumentará tu motivación para hacer más.

Una vez que hayas logrado alcanzar tus objetivos y comiences a sentirte mejor, aumenta constantemente la dificultad del objetivo (es decir, duración, intensidad, frecuencia). Por ejemplo, si has podido salir a correr 2 veces por semana durante 20 minutos, intenta 3 veces por semana durante 30 minutos. Luego, piensa cómo puedes integrar estas actividades en tu vida diaria.

¡No olvides recompensarte por tus logros!

Se consciente del diálogo interno negativo

El diálogo interno es un monólogo interno que todos tenemos y que nos ayuda a procesar nuestros sentimientos y reacciones ante diferentes situaciones. Cuando nos sentimos deprimidos, ese diálogo interno puede volverse duro y autocrítico y esa voz puede decirte que no tiene sentido hacer nada.

El diálogo interno negativo es a menudo irracional y no está respaldado por hechos y, sin embargo, creemos estos pensamientos sobre nosotros mismos, lo que nos limita enormemente. El primer paso es tomar conciencia de estos pensamientos negativos. Una vez que hayas identificado tu diálogo interno negativo, puedes comenzar a desafiar y reformular gradualmente estos pensamientos con hechos y creencias racionales y positivas. ¡Cómo nos hablamos a nosotros mismos es importante para crear una relación positiva con nosotros mismos!

Mira los factores externos

A veces hay factores externos que afectan nuestro nivel de motivación. Tal vez sufras de un problema de salud crónico, te sientas atrapado en un trabajo sin futuro o tengas un entorno laboral estresante. O tal vez tu pareja o familiares te menospreciaron. Todas estas cosas pueden afectar la motivación. Pero pensar en lo que está bajo tu control y los cambios que puedes hacer, puede ayudarte a sentirte más a cargo de tu vida.

Puedes probar estas estrategias por tu cuenta o con el apoyo de tu terapeuta. Ten en cuenta que se necesita tiempo para hacer cambios duraderos y ser paciente contigo mismo en el proceso.

. . .

Una vez cubiertos estos puntos, serás capaz de seguir exitosamente el proceso de motivación. No olvides que el esfuerzo te permitirá cumplir lo que te propongas.

Sin embargo, también es saludable reconocer que no te encuentras en una posición beneficiosa o que tú sólo no eres capaz de sobrellevar todo eso. La ayuda profesional permite que seas acompañado e instruido en el camino, y nunca debe considerarse como una derrota. Si tienes depresión, no te sientas avergonzado de tomar apoyo psicológico o incluso medicamentos para regular tus emociones. A veces es necesario sanar a través de terapias y acompañamiento para poder luego desenvolver plenamente tu motivación y lograr cumplir cualquier meta que te propongas.

Un Último Mensaje para Ti Acerca
de la Motivación

PARA PRODUCIR ARTE del que nos podamos sentir orgullosos, es necesario contar con enfoque profesional y valentía en el compromiso. Y todo esto empieza con sólo una palabra: motivación.

Si no tengo motivación ni la pasión para escribir, puedo dedicar muchos años de mi vida a escribir un libro y hacerlo cuando sea que tenga ganas. Sin embargo, no es así como los más grandes pensadores del mundo, los innovadores, los artistas de clase mundial y los íconos lo hicieron.

Sea cual sea la industria, sus creaciones creativas siempre surgieron de la pasión. Para ti puede ser algo como diseñar un logo o una marca de identidad de cierta forma que tu cliente se sorprenda debido al valor que ha visto en tu trabajo.

. . .

Podría ser escribir publicaciones en un blog o artículos en una revista que inspiren a más personas. Podría ser guiar para que otras personas puedan liderar y ser influyentes, o crear una plataforma digital revolucionaria. Podría ser crear películas y producir videos inspiradores para tu audiencia de internet.

Sin importar qué te apasione, necesitarás una tremenda cantidad de motivación constante, y yo creo que todos nosotros debemos ser estudiantes de la motivación, para poder dominarla en un futuro. Si el mundo se vuelve un lugar lleno de personas motivadas y con metas claras, muchas cosas mejorarían y nuestro futuro sería aún más prometedor.

Así que hay que empezar con la motivación de uno mismo.

En ese sentido, nuestro arte se expande y los resultados de nuestra producción creativa inspira un gran impacto hacia aquellos que servimos y lideramos; ya sea tu familia, tu equipo y para el mundo que necesita escuchar tu mensaje.

Todo empieza con el buen manejo de la motivación.

. . .

Ahora, para cerrar con broche de oro, me gustaría ofrecerte como regalo unas breves pero poderosas frases que te pueden acompañar en el camino a tu meta. Incluso es buena idea tenerlas escritas alrededor de tu casa y tu área de trabajo para tenerlas presentes en los momentos cruciales.

Ya he mencionado en capítulos anteriores que tener escritas tus metas y tus razones para esforzarte, sirve muchísimo para despertar y mantener la motivación. Tener esas frases y esos decretos en lugares donde puedas leerlas cada día, permite que tu motivación se mantenga intacta. De la misma manera, tener frases positivas en tu vida cotidiana ayuda a alejar aquellos pensamientos negativos o desmotivadores. Puedes verlo como un regalo que te haces a ti mismo o a tu yo del futuro para nunca perder la pasión y siempre recordarte el por qué te esfuerzas.

El pensamiento positivo puede tener un gran impacto en la salud física y mental. Asegúrate de decirte estas cosas todos los días.

1. Hoy va a ser un gran día

Empezar el día con una actitud y una mentalidad positivas te ayudará a mantenerlo. Cuando la adversidad golpee, y lo hará, estarás mejor preparado para encogerte de hombros y seguir mirando el vaso medio lleno.

2. Estoy agradecido por la vida

La gratitud mejora la vida. Dite a ti mismo todos los días que estás agradecido por tu vida.

3. Puedo marcar la diferencia

Grandes cosas suceden cuando personas como tú toman pequeños pasos para marcar la diferencia. Incluso si sólo sonríes o felicitas a más personas cada día, puedes marcar una diferencia positiva en el mundo.

4. Mi pasado no me define

¿Cometiste errores en tu vida? Todos los demás también. Adelante. No te quedes en el pasado.

5. La gente cambia

¿Recuerdas el último punto? Cada uno de nosotros es un testimonio vivo de que las personas pueden cambiar. Espera lo mejor en los demás y trátalos como te gustaría que te traten.

· · ·

6. Las cosas no siempre son como parecen

Tus cuentas de redes sociales pueden engañarte para que pienses que todos los que conoces acaban de comprar un automóvil nuevo, disfrutaron de unas excelentes vacaciones o compraron una casa nueva. Eso simplemente no es cierto.

Recuerda que las cosas no siempre son como parecen y compararse con los demás no es una forma gratificante de vivir.

7. Estoy haciendo mi mejor esfuerzo

La perfección no es una opción, pero hacer tu mejor esfuerzo sí lo es. Entonces haz eso.

8. Soy fuerte

Esto no tiene nada que ver con la cantidad de flexiones o dominadas que puedes hacer. Tiene mucho que ver con lo fuerte que eres como persona. ¿Cómo reaccionas ante la adversidad? ¿Te desafías a ti mismo? Lo más probable es que seas más fuerte de lo que crees y hayas superado algunas cosas increíblemente difíciles. Trata de decirte a tí mismo: "Puedo hacer cosas difíciles" o "Puedo hacer esto".

9. Soy capaz de alcanzar mis metas

Establecer metas es la clave del éxito. Independientemente de cómo te parezca el éxito, es esencial establecer metas y recordarte a ti mismo que puedes lograrlas.

10. Otros no definen quién soy

Tú defines quién eres por tus acciones y pensamientos. Las influencias externas, no importa lo cerca que estén de ti, no te definen.

11. No tengo toda la información

Es muy común llegar directamente a una conclusión cuando se te presenta información. Puedes preguntarte: "¿Cómo pudo esa persona de tal decir tal cosa? ¿Cómo pasó esto?"

¿Te suena familiar todavía? Antes de reaccionar, respira profundamente; probablemente no tengas toda la información.

12. Soy amado

. . .

A veces es difícil convencerse de esto, pero es absolutamente cierto. Alguien te ama mucho.

13. La vida sigue

Algunas cosas están bajo su control, mientras que otras no.

No se preocupe por las pequeñas cosas o lo incontrolable.

Sea resistente y recuérdese con frecuencia que la vida continúa.

El diálogo interno es importante en la vida cotidiana y los atletas profesionales a menudo lo utilizan como práctica. Si tienes una mentalidad positiva, tu cuerpo te seguirá.

Ya sea que estés entrenando para alcanzar tus objetivos de acondicionamiento físico o desees transformar tu bienestar general, el diálogo interno positivo puede ayudarte a lograrlo. Comienza con las frases enumeradas anteriormente y recuerda: ¡puedes hacerlo!

Cómo Encontrar tu Pasión y Vivir una Vida Plena

Los Elementos Fundamentales que te Ayudarán a Encontrar tu Verdadero Llamado en la Vida

El uso de marcas comerciales en este documento carece de consentimiento, y la publicación de la marca comercial no tiene ni el permiso ni el respaldo del propietario de la misma.

Todas las marcas comerciales dentro de este libro se usan solo para fines de aclaración y pertenecen a sus propietarios, quienes no están relacionados con este documento.

Índice

Introducción

¿Alguna vez has admirado a alguien por lo plena que parece su vida? Su pasión brilla en todo lo que hace porque ha encontrado su propósito. ¿No te gustaría estar en su lugar por una vez?

Este libro es la guía definitiva para conseguirlo. Si sigues las instrucciones aquí dadas paso a paso, a lo mejor llegarás exactamente a donde necesitas estar cuando llegues al final. S te mostrará cómo superar tus miedos y pensar en positivo cuando ese lado negativo de ti mismo empiece a inventar razones tontas por las que no deberías hacer algo, o por las que no eres lo suficientemente bueno. ¿Quieres hacer realidad tus fantasías? ¿Tienes problemas para saber por dónde empezar? Pues lee esto y aprenderás cómo conseguirlo. Es hora de dejar de procrastinar y hacer por fin algo por ti mismo para lograr la vida que siempre has querido.

Algunas personas han pasado por lo que parece el infierno y han vuelto. Esas personas, en sus días de juventud, es seguro decir que estaban viviendo una vida de la que no estaban demasiado orgullosos, y luego, a través de sus experiencias de vida y la construcción de su futuro, finalmente encontraron su pasión. Este libro es para ayudarte a encontrar lo mismo. A través de la búsqueda de tus creencias y talentos, descubrirás cuál es tu pasión. Ayudar a personas como tú a encontrar sus deseos y darles la motivación para luchar por la mejor vida que puedan vivir es el objetivo de este libro.

A través de tus experiencias de vida vistas desde la perspectiva aquí dada, aprenderás realmente lo que es vivir una vida satisfactoria.

¿Estás cansado de vivir la misma vida rutinaria y aburrida que tienes ahora? Levantarse todas las mañanas, prepararse para el trabajo, ir al trabajo, y luego llegar a casa agotado pero con muchas responsabilidades por lo que no tienes tiempo para descansar.

Si esto te suena familiar, entonces definitivamente elegiste el momento adecuado para leer este libro. Se cubrirán todos los temas de quién, dónde, qué, por qué y cómo vivir apasionadamente. En este libro, aprenderás muchas estrategias para encontrar tu pasión. Si usas estas habilidades todos los días, pronto sentirás las alegrías de una vida abundante y llena de pasión.

Cómo usar este libro: Este libro tiene una serie de capítulos que te pedirán que tomes notas. Agarra un bolígrafo y un bloc de notas y anota lo que has aprendido y responde a las preguntas de forma eficaz hasta el final.

Si sientes incomodidad, es una buena señal. Esto demuestra que has llegado al núcleo de la cuestión.

Empieza a escribir sin juzgar ni criticar. Asegúrate de escribir lo que se te ocurra. En el apéndice, al final de este libro, encontrarás una lista de preguntas.

Qué es la pasión: La pasión es un fuerte deseo que puede llevarte a hacer cosas increíbles.

La pasión es una emoción sobre la que hay que actuar.

Sin acción, la pasión no produce resultados que valgan la pena. La pasión es el combustible en el fuego de la acción. Cuando tienes pasión por algo, lo amas incluso cuando lo odias.

Entonces, ¿qué es la pasión? ¿Cómo reconoces tu pasión y cómo la pones en práctica?

¿Qué es la pasión? Un deseo alimentado por la pasión dará los mejores resultados en la vida.

Me gusta el monopatín, pero no tengo la determinación necesaria para esforzarme por romperme los huesos y visitar el hospital. Por eso no soy tan bueno como podría ser. No me apasiona.

La pasión puede empujarte en los momentos difíciles porque no te importa lo que cuesta ser mejor. Todos tenemos la capacidad de crear el tipo de vida que queramos.

El secreto para vivir el sueño se esconde en nuestras pasiones y en lo que hacemos gracias a ellas.

¿Cómo saber qué te apasiona? Encontrar lo que te apasiona es un viaje en sí mismo. No te sientas frustrado si todavía no lo sabes. Sigue probando cosas nuevas. Llegará aunque tengas que construirlo.

Si encuentras tu pasión, o te encuentras tras su pista, no la abandones.

¿Y si sabes lo que te apasiona pero no haces nada al respecto? Este es el principal problema de la pasión.

Puedes tener toda la pasión del mundo por algo, pero si nunca haces nada al respecto, esa pasión es inútil.

Tal vez tengas un buen trabajo que paga todas las facturas, pero que no te permite seguir realmente tu pasión. Tienes miedo de lo que pueda pasar si cambias las cosas. Sí, el cambio da miedo, pero no es hasta que salimos de nuestra zona de confort cuando encontramos lo que nos hemos estado perdiendo.

Tú eres el autor de tu vida. No te conformes con lo mínimo sólo porque ahora te funciona.

Nunca sabrás de qué eres realmente capaz si no te exiges a ti mismo.

Pero incluso cuando persigas tu pasión, te encontrarás con fracasos y otros obstáculos. No puedes dejar que eso te afecte. A todo el mundo le ocurre en el camino de seguir su pasión.

Abraham Lincoln tenía una gran pasión por construir un gran país. ¿Crees que dejó que unos cuantos fracasos le impidieron hacerlo? No dejes que los obstáculos te desanimen.

¿Y la pasión por las personas? La idea de la pasión también se aplica a las personas. No caigas en la trampa común de pensar que quieres a alguien y no hacer nada al respecto. Pregúntate si vale la pena renunciar a mi orgullo para mantener una relación? ¿Y ser desinteresado y sacrificar tu tiempo o tu comodidad? Si no puedes hacer eso, probablemente no es amor real, o necesitas empezar a hacer cambios.

A menudo, creo que tenemos que recordarnos a quién amamos y actuar en consecuencia. Es fácil dejar que las relaciones familiares se debiliten por culpa del orgullo.

Por supuesto, dices que amas a tu familia, pero cuando tu hermano está en la obra de teatro del colegio, y tú odias las obras de teatro, ¿vas?

Lo mismo ocurre con las relaciones íntimas. ¿Sólo amas cuando es fácil? El verdadero amor requiere sacrificio y trabajo.

Se superan los momentos difíciles porque se les quiere y se comprende que toda pasión que se persiga tendrá baches en el camino. Por desgracia, mucha gente no entiende lo que significa tener pasión por alguien. Por eso los índices de divorcio son tan elevados y las familias suelen quedar destrozadas por los sentimientos heridos y el drama innecesario.

Seguir cualquier pasión requiere vulnerabilidad y trabajo. Pero se te promete que, al final, el resultado de esos esfuerzos será el más satisfactorio para tu vida.

4 cosas que debes saber para encontrar tu pasión

1. La pasión es lo que te gusta hacer: La pasión es una fuerte emoción o deseo por alguien o algo. Es lo que te gusta hacer, tal vez te pierdes en ello y el tiempo cesa, te atrae instintivamente, te produce una gran satisfacción y/o es algo a lo que puedes dar un SÍ rotundo si te dan el tiempo y la oportunidad.

2. La pasión es energía: La pasión alimenta el fuego de la inspiración y nos abre las oportunidades y la motivación para atender las necesidades que nos rodean. Hay un poder que proviene de hacer lo que te entusiasma. Cuando haces lo que está alineado con lo que eres, obtienes energía de ello. Te sientes motivado para salir de la cama y perseguirlo y te da algo que esperar.

3. La pasión tiene que ver con la búsqueda, la perseverancia y la progresión (¡Acción!):

Las personas apasionadas HACEN lo que les gusta, su energía por ello los lleva a la acción. Persiguen su pasión de forma constante y tienen un fuerte nivel de compromiso. La persiguen con determinación, a pesar del dolor y el fracaso o la decepción, y siguen adelante.

¿Por qué? Lo más probable es que sea porque les encanta y no pueden imaginarse sin hacerlo o porque quieren alcanzar un objetivo, mejorar su rendimiento o buscan un resultado o impacto deseado. Añadir la perseverancia y el deseo de progresar a una búsqueda apasionada puede llevarte a la meta en vivo. No se puede: escribir un libro sin sentarse a escribir, correr una maratón sin entrenar o dirigir un negocio sin dedicarle tiempo. Estar dispuesto a poner el tiempo y la energía para "hacerlo realidad" es la clave.

4. La pasión puede llevarte a tu propósito: El propósito es estar alineado con quién eres y hacer las cosas para las que has sido llamado, dotado o creado de forma única. En mi opinión, el propósito es tomar esas cosas que amas (o tus pasiones), superponerlas con tus habilidades y talentos y tomar medidas para satisfacer una necesidad, proporcionar un servicio o perseguir una oportunidad. Perseguir tu pasión puede llevarte a tu objetivo y el resultado puede ser un mayor impacto en el mundo y la realización de ti mismo.

Ahora, respira hondo, porque estás a punto de descubrir tu pasión y tu propósito. Cuando te sientas preparado, pasa a la siguiente página y comencemos este viaje de autodescubrimiento.

1

Encuentra tus creencias

LAS CREENCIAS SON juicios internos sobre uno mismo. Es la certeza de lo que uno cree que es verdadero o falso. La creencia es algo así como la moral, arraigada en lo más profundo de uno mismo. Una creencia es mental, espiritual y sentimental. Lo que crees motiva tus acciones y te impulsa hacia tus ambiciones. Por ejemplo, creer en una causa te hará querer defenderla.

Si crees en una religión, juras por ella. Si crees en ciertas personas, las apoyas. Creer es actuar.

¿Te suena esto? ¿Crees en ti mismo? Este libro está aquí para ayudarte a llegar a donde necesitas estar.

Empezaremos por abordar esas creencias limitantes que todos tenemos.

. . .

Averiguando qué es lo que te hace sentir impotente para tener éxito, podrás empezar a trabajar en lo que te hará sentirte impulsado hacia la vida. Es hora de recuperar el control y creer que te mereces algo mejor.

Sustituir las creencias limitantes: Las creencias autolimitantes pueden obstaculizar tu felicidad y vivir la vida que quieres y mereces. Vamos a repasar algunas creencias limitantes comunes que pueden impedirte perseguir lo que realmente quieres, y cómo sustituirlas introduciendo nuevas creencias que te sitúen en un camino más positivo.

1. "No soy único". Nueva creencia: soy único porque estoy a cargo de mi vida. A menudo, nuestra mente nos dice cosas negativas que no deberíamos creer. Si tenemos una baja autoestima, tendemos a pensar en estos pensamientos negativos. Entiende que tú eres único. Cuando creemos que no somos únicos en nuestra mente, normalmente estamos comparando nuestra vida con la de los demás. Combate estos pensamientos con el conocimiento de que tu vida es tuya para vivirla, de nadie más. Agradece lo que tienes ahora y entiende que siempre hay una forma positiva de ver los resultados más negativos. Recuerda que nadie es tu jefe y que tú eres el que manda. Estos ejemplos te permitirán aclarar tu mente. He aquí algunas preguntas que debes hacerte: ¿Soy una

persona amable? ¿Soy empático? ¿Soy un buen oyente? ¿Me esfuerzo por hacer el bien a los demás? ¿Tengo objetivos y aspiraciones? Si has respondido afirmativamente a alguna de estas preguntas o a todas ellas, bueno, amigo mío, esto es una prueba de que eres único, y deberías escuchar estas respuestas que gritan en tu mente.

2. "No sé lo que quiero". Nueva creencia: Soy el producto de mi entorno; yo escojo tomar las oportunidades para hacer mi propia realidad. Cuando aceptas el cambio, es menos probable que la preocupación controle tu mente. No tengo que saber mi destino, sólo la dirección que quiero tomar. Empieza por lo pequeño y construye una escalera sobre cómo llegar a donde necesitas estar. Trabaja en aprender a disciplinarte, en habilidades de comunicación, en tácticas de negociación, en técnicas de persuasión, en estar saludable a través del ejercicio, y aprende a ser flexible con tus horarios. Estas cosas son habilidades universales que se necesitan para encontrar la pasión.

3. "No tengo tiempo". Nueva creencia: Nada es permanente; nunca es demasiado tarde. Cuando quieres lo que quieres con la suficiente intensidad, harás cualquier cosa para conseguirlo. Es así de sencillo. Vivir un día a la vez, y hacer algo hacia tu objetivo cada día es el primer paso para superar el pensar demasiado. Deja de centrarte en la cantidad de tiempo que tienes, sino en la cantidad de tiempo que podrías

ganar, y eso cambiará por completo la forma en que utilizas el tiempo limitado que tienes.

4. "Tengo que arreglar o cambiar esto o aquello antes de conseguirlo x cosa". Nueva creencia: El pasado puede ser evaluado y remodelado. Esta creencia limitante es la que nos hace procrastinar aunque sepamos lo que necesitamos o lo que queremos. Si crees que las cosas tienen que cambiar primero antes de completar algo más, entrarás en un ciclo de procrastinación. Sólo hace falta un momento para cambiar las cosas. Un pensamiento y una acción para hacer algo diferente pueden marcar la diferencia. Si te esfuerzas por ser productivo y dar pasos hacia tus objetivos una vez al día, o incluso una vez a la semana, es suficiente para hacer realidad lo que quieres.

5. "No soy lo suficientemente bueno". Nueva creencia: No es personal. Cuando nuestra mente saca lo mejor de nosotros, llegamos a creer que no somos lo suficientemente buenos. Los pensamientos negativos son unos mentirosos convincentes y se aprovechan de las más escasas migajas de evidencia para apoyar la idea de que no eres lo suficientemente bueno. Si alguien tiene un mal día y te hace creer esta limitación, no te lo tomes como algo personal. Tu vida es tuya para vivirla. Tú tienes el control de tus pensamientos, acciones, creencias, motivaciones, aspiraciones, objetivos y pasiones, etc.

6. "Es demasiado tarde para cambiar/ Perseguir

mis sueños". Nueva creencia: Tengo todo lo que necesito dentro de mí; nunca es demasiado tarde. El camino hacia el éxito es revivir tus experiencias pasadas y aprender de ellas. Comprende que tienes todo lo que necesitas y confía en que estás preparado para tomar las riendas de tu futuro. Dite a ti mismo que tienes la suficiente confianza para alcanzar tus sueños. Sigue adelante y no busques la aprobación de los demás.

7. "Tengo demasiadas responsabilidades". Nueva creencia: Puedo manejar cualquier cosa cuando me lo propongo. El trabajo duro da sus frutos cuando se sigue intentando. ¿Tienes hijos? ¿Un trabajo? ¿Un matrimonio? Como se ha dicho antes, el día tiene 24 horas, y la mayoría de los adultos pueden vivir con unas seis horas y media de sueño. Aprende a gestionar tu tiempo de forma eficaz y saca el máximo partido a lo que buscas. Proponte lo que quieras y añádelo a tu lista de responsabilidades. Cree en ti mismo y en tu capacidad para gestionar todas las responsabilidades y tendrás éxito.

8. "No puedo perseguir mis sueños porque puedo fracasar". Nueva creencia: El fracaso es el éxito que aún no ha ocurrido. Cuando fracasamos, aprendemos lo que no debemos hacer de nuevo. El fracaso nos hace intentar hacerlo mejor la próxima vez. Una vez más, como se indica en la primera creencia limitante, hay que hacerse esas mismas preguntas. ¿Qué puedo

aprender? ¿Qué puedo sacar de esta situación? ¿Me estoy comparando con otros? Comprende que eres único y que hay más cosas buenas que malas en ti. Veamos el ejemplo de Paola. En muchas ocasiones ella ha querido renunciar a sus sueños de convertirse en empresaria y, antes de eso, en entrenadora personal. Fuera de forma después de años detrás de un escritorio, pensó que la lucha para convertirse en una entrenadora personal estaba perdida incluso antes de subir al ring, pero tuvo la suerte de tener un gran entrenador de vida en su esquina animándole. Eso es lo que este libro ha venido a hacer por ti.

Lo que hemos aprendido:

Las creencias autolimitantes pueden impedirte buscar la felicidad y vivir la vida que realmente deseas.

Nuestros días pueden estar llenos de pensamientos negativos sobre nosotros mismos, si lo permitimos. Solo si lo permitimos.

Cada pensamiento negativo que tengas puede ser contrarrestado con un pensamiento opuesto, que probablemente sea mucho más verdadero, pero definitivamente mucho más positivo.

Siempre existe la tentación de procrastinar y los seres humanos son muy buenos para encontrar razones para hacerlo.

Nos decimos a nosotros mismos que no tenemos suficiente tiempo, o que tenemos que hacer otras cosas primero. Haz el tiempo, hazlo posible.

Una de las grandes cosas de las personas es que tenemos la capacidad de cambiar, no importa la edad que tengamos. Podemos cambiar y podemos aprender cosas nuevas. No dejes de soñar porque creas que es demasiado tarde para ti.

El fracaso nunca es el final de la historia, porque eres fuerte y no eres el tipo de persona que va a abandonar a la primera señal de problemas.

Preguntas para hacerte a ti mismo: Apunta en tu cuaderno de ejercicios las respuestas de las siguientes preguntas.

- Para mí, ¿cómo es una vida apasionada?
- Cuando viva una apasionada, ¿Cómo me sentiré?
- ¿Cuáles son las creencias limitantes que tengo?

- ¿Qué me está deteniendo de lograr lo que quiero?

Ahora ya sabes cómo encontrar tus creencias limitantes y cómo reemplazar esas creencias negativas con positivas; ahora, en el próximo capítulo empezaremos la búsqueda para encontrar tu ikigai.

2

Introducción al Ikigai

LA PALABRA "IKIGAI" es una palabra japonesa que significa "una razón de ser". Si lo traducimos al español, es palabras más cercanas, significa: cosas por las que vives, o la razón por la que te levantas por la mañana. El ikigai es específico de nuestras vidas, valores y creencias. Las actividades que implican ikigai se realizan de buena fe, y el sentimiento te da una sensación satisfactoria de propósito.

El origen de la palabra ikigai se remonta al periodo Heian (794 a 1185).

El psicólogo clínico y ávido experto en la evolución del ikigai, Akihiro Hasegawa, publicó un artículo de investigación en 2001 en el que escribía que la palabra "gai" proviene de la palabra "kai", que se traduce como "concha" en japonés.

. . .

Durante el periodo Heian, las conchas eran extremadamente valiosas, por lo que la asociación de valor sigue siendo inherente a esta palabra. También puede verse en palabras japonesas similares como hatarakigai, (働きがい) que significa el valor del trabajo, o yarigai ~ga aru (やり甲斐がある), que significa "vale la pena hacerlo".

Ikigai es lo que te hace levantarte cada mañana y te hace seguir adelante.

Gai es la clave para encontrar tu propósito, o valor en la vida.

La mejor manera de encapsular la ideología general del ikigai es observar el diagrama de Venn del ikigai, que muestra las cuatro cualidades principales que se superponen: para qué eres bueno, qué necesita el mundo, por qué te pueden pagar y, por supuesto, qué te gusta.

¿Por qué el ikigai es importante? Muchos sociólogos, científicos y periodistas han investigado y formulado hipótesis sobre la utilidad y la verdad de este particular fenómeno, y han llegado a varias conclusiones muy interesantes. Una teoría en particular es que el ikigai puede hacer que vivas más tiempo y con más dirección.

. . .

En septiembre de 2017, el popular programa de televisión japonés Takeshi no katei no igaku se asoció con un grupo de científicos para llevar a cabo una investigación en la pequeña ciudad de Kyotango, en Kioto, un lugar que se enorgullece de tener una población que tiene tres veces más residentes mayores de 100 años en comparación con la media del resto del país.

El programa quería saber qué puntos en común tenían estos ancianos felices en su vida diaria, por lo que siguieron a siete personas de entre 90 y 100 años desde la mañana hasta el amanecer, haciéndoles análisis de sangre y otros controles de salud.

Lo que encontraron interesante fue que las siete personas tenían cifras excepcionalmente altas de DHEA, una hormona esteroide segregada por las glándulas suprarrenales que muchos creen que puede ser la milagrosa "hormona de la longevidad".

Curiosamente, a medida que el programa seguía a esos hombres y mujeres, descubrieron una única cosa que todos tenían en común: un pasatiempo que practicaban a diario y al que estaban muy enganchados. Se vio a una mujer de casi 90 años que pasaba unas horas diarias tallando máscaras tradicionales japonesas, a otro hombre que pintaba y a otro que iba a pescar a diario.

. . .

Aunque la correlación entre tener una afición que te guste y el aumento de la DHEA aún no se ha demostrado científicamente, el programa sugirió que tener esta única cosa que te mantiene interesado, centrado y te da una sensación de satisfacción en la vida puede aumentar tu hormona juvenil DHEA, lo que conduce a una vida más larga y feliz.

¿Dónde se practica el ikigai? Okinawa, la isla meridional de Japón continental, alberga uno de los mayores porcentajes de centenarios por población.

Okinawa es también un semillero de la ideología del ikigai. Aquí, el clima templado, la dieta saludable y el bajo nivel de estrés también son factores, pero es la población activa de la isla, formada por residentes que no se jubilan y que tienen un propósito, lo que la relaciona con otras comunidades longevas de Cerdeña (Italia) e Icaria (Grecia).

En 2010, el escritor Dan Buettner publicó un libro titulado Blue Zones: Lessons on Living Longer from the People Who've Lived the Longest (Lecciones para vivir más tiempo de la gente que más ha vivido), en el que estudiaba las zonas del mundo que albergan a los residentes más longevos (incluida Okinawa).

. . .

Lo que descubrió fue que, aunque tengan una palabra diferente para ello, el ikigai, o tener un "propósito en la vida" era un fuerte vínculo de unión.

Si puedes encontrar placer y satisfacción en lo que haces y eres bueno en ello, enhorabuena, has encontrado tu ikigai".

Héctor García, escritor que ha publicado varios libros sobre esta teoría, entre ellos Ikigai: El secreto de una vida larga y feliz, publicado en inglés el año pasado, cree, sin embargo, que este ikigai no debería estar vinculado sólo a las personas mayores. De hecho, actualmente es más popular que nunca entre los jóvenes, tanto dentro como fuera de Japón.

"Descubrimos [al publicar el libro que] una de las claves de su éxito es el momento en que se utiliza la palabra 'ikigai'". Sostiene que está ganando más adeptos ahora, justo cuando la gente lo necesita, "especialmente en las generaciones más jóvenes que buscan más sentido a sus vidas".

Encontrar tu ikigai: Encontrar tu ikigai puede ser una tarea intimidante. Tienes que descubrir en qué estás destinado a convertirte. Tienes que creer que algo es tu propósito en la vida porque te apasiona. Veamos el ejemplo de Jorge. A Jorge, por ejemplo, le apasiona el esquí, el buceo y la escalada. Su pasión es enseñar y motivar a la gente, y como entrenador de vida y empresario, su ikigai y su verdadero propósito es ayudar a la gente. Si no sabes o no has encontrado tu ikigai todavía, no pasa nada porque no mucha gente conoce su ikigai, y este libro está aquí para ayudarte. El ikigai se divide en cuatro elementos. Veámoslo más de cerca.

- Lo que AMAS hacer (tu devoción).
- Lo que EL MUNDO NECESITA que sea diferente y dinámico (tu objetivo).
- Lo que eres BUENO HACIENDO, tus hobbies e intereses (tu vocación).
- Lo que haga que te PAGUEN que te vuelva feliz y satisfecho (tu carrera).

Cuando todo lo anterior se alinee perfectamente, encontrarás tu ikigai aquí. Cuando esto ocurra, la plenitud, la longevidad y la verdadera felicidad estarán en tu interior y en tu alma.

La palabra "ikigai" es una referencia a los estados espirituales y mentales que hay detrás de nuestras circunstancias, en contraposición a nuestra situación económica. Mientras estemos avanzando hacia nuestro propósito, no importa si estamos atravesando una época oscura en nuestras vidas porque seguimos experimentando el ikigai. El ikigai no son las expectativas forzadas del mundo que nos rodea; son las acciones naturales que surgen de una profunda conexión con la vida las que crean el sentimiento de ikigai.

. . .

Cómo tomar provecho de tu ikigai: Hay quien dice que encontrar tu ikigai es lo que te hace vivir más tiempo. Esta definición tiene sentido, ya que la felicidad es un hecho probado para llevar una vida sana, mientras que el estrés acorta nuestra vida. Si eres como una persona plena y quieres alcanzar la grandeza, ser feliz y encontrar un propósito en ti mismo y en tu vida, entonces encontrar tu ikigai es la clave.

Aquí hay cuatro sugerencias que te ayudarán a encontrar tu ikigai más rápido:

1. Encontrar el sentido o un rol en el que tú creas firmemente. El primer paso para entender y encontrar tu ikigai es mirar más allá de ti mismo. Esto significa mirar tus experiencias de vida pasadas y aprender de las lecciones que puedes sacar de cada escenario o situación. Mira dentro de ti cuando estés solo, o en un entorno tranquilo y silencioso, y reflexiona sobre ti mismo, tu historia y tus sentimientos. Encontrar un propósito o creer en algo que te importe de verdad te ayudará a ser ambicioso con tus objetivos y te hará superar los momentos difíciles.

2. No pienses. Sólo hazlo. Deja de pensar en cuándo va a ser el momento adecuado, o cuál es el momento idóneo para empezar. Si tienes muchas pasiones y deseos, nunca es demasiado tarde para empezar. Cada pequeño paso hacia la realización de tu objetivo y tu pasión cuenta. Por ejemplo,

Steve Jobs fundó Apple con 21 años, y Elon Musk se volvió director general de Tesla a los 37 años. Ambos trabajaron para alcanzar su pasión intentando y completando pequeños pasos para llegar a ella, sin importar su edad. Empieza a encontrar tu verdadera pasión reduciéndola a una o dos principales, y sigue dando pasos para cumplirlas durante algún tiempo. Al hacer esto, te ayudará a decidir si eso es lo que quieres hacer.

3. Rodéate con gente que tenga intereses similares a los tuyos. Al rodearte de personas que comparten los mismos intereses que tú, te encontrarás compartiendo ideas y aprendiendo de los errores que puedan haber cometido. Pueden surgir oportunidades para ti, que te ayudarán a averiguar si esta pasión que te interesa es adecuada para ti. Ten en cuenta que alcanzar tu verdadero potencial no va a suceder de la noche a la mañana, así que ten paciencia.

4. Acepta el fracaso como parte del proceso Los reveses son una parte normal de la vida. Nos ayudan a darnos cuenta de nuestros errores y nos dan fuerzas para hacerlo mejor la próxima vez que nos enfrentemos a un problema similar. Algunos contratiempos pueden ser el resultado de la falta de apoyo, de que tus ideas sean juzgadas, de que no recibas ayuda financiera, etc. Estos contratiempos son pasos que nos ayudan a hacernos más fuertes a la hora de encontrar nuestra pasión.

· · ·

3 ejemplos de vivir según el ikigai: El famoso chef de sushi japonés Hiroki Sato es un buen ejemplo de ikigai, concebido como la devoción a una actividad que aporta una sensación de plenitud o logro.

El chef Sato ha dedicado su vida a innovar y perfeccionar las técnicas de elaboración de sushi. Dirige un pequeño y exclusivo restaurante de sushi de 10 plazas en Tokio (Japón).

El chef Sato ha conseguido la máxima calificación de la guía de restaurantes Michelin, tres estrellas, y está considerado como el chef de sushi más consumado del mundo. En Jiro Dreams of Sushi, el premiado documental sobre su vida y su trabajo, el chef Sato afirma:

"Tienes que enamorarte de tu trabajo... dedicar tu vida a dominar tu habilidad... Seguiré intentando llegar a la cima, pero nadie sabe dónde está la cima".

Esta es una buena ilustración del ikigai como devoción a lo que uno ama, un esfuerzo hacia la maestría y el logro, y un viaje interminable que también aporta una sensación de plenitud.

Curiosamente, el chef Sato no sólo se encarga de la preparación del sushi en su restaurante. Debido a su pequeño tamaño y a su disposición abierta, puede observar de cerca la degustación y las reacciones de sus clientes a la comida y es conocido por modificar el sushi en función de dichas reacciones.

. . .

Se podría decir que el ikigai del chef Sato consiste en buscar la excelencia en la preparación del sushi y compartirla con los amantes del sushi y la buena mesa.

Otras personas de las que se puede decir que ejemplifican la búsqueda del ikigai son la mundialmente famosa primatóloga Jane Goodall.

Goodall se apasionó por los animales, y especialmente por los primates, desde una edad temprana. A los 20 años, persiguió su pasión por los primates escribiendo al antropólogo Louis Leakey. Leakey pensó que el estudio de los grandes simios actuales proporcionaría pistas sobre el comportamiento de su principal interés: los primeros ancestros humanos.

Con la ayuda de Leakey, Goodall comenzó su estudio de los simios en la naturaleza. Se convirtió en una experta en trabajar estrechamente con los simios, documentando su inteligencia y sus interacciones sociales.

También se convirtió en una defensora de los derechos de los animales que ha ayudado a salvar a los simios y otros animales de experimentos dañinos y de la destrucción de sus hábitats.

. . .

De este modo, Goodall ha perseguido su pasión, se ha convertido en una experta en este campo, ha cubierto la necesidad mundial de conocimiento/protección de los primates y se ha ganado la vida publicando libros sobre el comportamiento de los simios y ganando honorarios por dar conferencias.

Se podría decir que el centro de su ikigai es conectar con los grandes simios, aprender sobre ellos y defenderlos, y a través de esta conexión, vincularse de forma positiva con todos los seres vivos.

Otro ejemplo de alguien que ha encontrado su ikigai, o el propósito de su vida, es el surfista y defensor de la vida silvestre John Mitchell. Mitchell es un surfista "libre" muy aclamado, con generosos patrocinios pero sin participar en concursos. Fundó Surfers for Cetaceans, una organización dedicada a la protección de los cetáceos (delfines, marsopas y ballenas) y de toda la vida marina.

Gracias a su amor por el surf y el océano, Mitchell llegó a admirar a los numerosos delfines que venían a cabalgar las olas con él en Byron Bay (Australia).

. . .

Mitchell ha experimentado claramente un tipo particular de flujo con su surf. A través de él, llegó a apreciar la vida de los cetáceos en particular.

Se podría decir que su ikigai reside en la búsqueda de estados de flujo en el surf y en asegurar que otras criaturas vivas, como los cetáceos, puedan experimentar sus propios estados de flujo, en lugar de ser cazados, mantenidos en acuarios o atrapados en redes de pesca.

Lo que hemos aprendido:

Ikigai significa una razón de ser. En otras palabras, significa las cosas por las que uno vive o la razón por la que se levanta por la mañana.

Ikigai es la combinación de pasión, misión, profesión y vocación. Cuando estos cuatro elementos se combinan, la superposición constituye tu ikigai, tu razón de ser.

Para encontrar tu ikigai, tienes que encontrar lo que te gusta, lo que se te da bien, lo que el mundo necesita y por lo que te pueden pagar.

. . .

Descubrir tu ikigai te dará un mayor enfoque en tu vida y te dará un nuevo sentido de dirección, quizás el impulso que necesitas para cambiar tu vida a mejor.

La importancia de reconocer qué tienen que ver tus creencias con tu ikigai.

Se dice que descubrir el propio ikigai contribuye a una vida con menos estrés y más pasión. Dos de los componentes necesarios para una vida más larga y feliz.

¿Qué es lo que te apasiona? No siempre lo sabemos y, si no lo sabes, puede que no sea algo que hayas encontrado antes. Puede que tengas que buscar más allá para descubrir cuál es tu pasión. Por supuesto, fíjate en tus experiencias pasadas y en lo que ya conoces, pero no te cortes a la hora de probar cosas nuevas.

Si esperas el momento perfecto para hacer algo, nunca lo harás. Nunca hay un momento perfecto para nada, todos sacamos lo mejor que podemos de cualquier situación. No te reprimas, si quieres hacer algo, hazlo.

Si te interesa algo, tienes que rodearte de gente con intereses similares. El fracaso no es algo de lo que haya que avergonzarse, intenta aceptarlo como una herramienta de aprendizaje, en lugar de como algo que hay que evitar. Aprendemos cometiendo errores.

Preguntas para hacerte a ti mismo: toma una pluma y papel y escribe tus respuestas.

- ¿Qué es lo que más me gusta hacer?
- ¿Cuál es el top tres de hobbies que tengo?
- ¿Qué es en lo que más he destacado?
- ¿Cuáles son las causas que más apoyo activamente?
- ¿Haciendo qué cosa la gente me pagaría?
- ¿Cuáles son las personas con las que puedo compartir mis intereses?
- ¿Estoy haciendo lo que el mundo necesita?

Una vez más, tómate un momento para escribir las respuestas a las preguntas. Además, anota algunas pasiones y deseos que tengas, luego minimiza esa lista y descubre dos o tres que realmente te creen una emoción en tu interior. Déjate llevar por estas notas durante unos días y deja que lo que venga a tu mente fluya de forma natural a través de tus pensamientos. En un par de días, vuelve a esta lista y vuelve a evaluarla.

Una vez que encuentres tu ikigai, debes preguntarte quién eres. En el próximo capítulo, profundizaremos en esta cuestión.

3

Conoce tu tipo de personalidad

LA DEFINICIÓN de personalidad es la combinación de cuali-
dades que conforman el carácter de una persona.

Este capítulo trata acerca de los tipos de personalidad y
cómo encontrar el tuyo.

Hay un montón de tests en línea que puedes hacer para
averiguar qué tipo de personalidad tienes. Lo que hay que
hacer es encontrar el correcto, que es casi 100% preciso.
Puedes hacer el "Test de los Cinco Grandes de la Personali-
dad" para hacerte una idea aproximada de quién eres, pero
nada te resuelve tanto como el test del indicador de tipo
Myer-Briggs.

Según este indicador, hay 16 tipos diferentes de persona-
lidades, y vamos a hablar de cada uno de ellos.

. . .

¿Por qué necesitas averiguar exactamente qué tipo de persona eres? Bueno, ayuda mucho a conocerte a ti mismo para encontrar tu pasión. Tu tipo de personalidad te ayudará a entender qué trabajo te conviene más y por qué serás feliz haciendo eso como carrera.

El indicador de tipo Myers-Briggs (MBTI): Isabel Myers y su madre, Katherine Briggs, crearon un estudio en la década de 1940 que analizaba las distintas personalidades de las personas. Investigaron mucho y estudiaron a las personas durante dos décadas y sus resultados concluyeron que había dieciséis tipos de personalidad diferentes. Su teoría era que si alguien sabía qué tipo de personalidad era, le ayudaría a entenderse mejor a sí mismo para poder vivir una vida plena.

El test se compone de ocho características que informan de cuáles son los tipos de personalidad. Estas características son: Extraversión (E) - Introversión, (I) Sensibilidad (S) - Intuición (N), Pensamiento (T) - Sentimiento (F), Juicio (J) - Percepción (P).

Veamos ahora cada uno de los pares:

1- Extraversión - Introversión: El primer par de características representa la fuente y la dirección de la expresión energética de una persona. Es realmente sencillo.

· · ·

La fuente de energía de un extravertido se encuentra principalmente en el mundo exterior, mientras que un introvertido tiene una fuente de energía en su mundo interior.

2- Sensibilidad - Intuición: El segundo par representa el tipo de información que tú procesas. Ser sensible significa que una persona cree principalmente en la información recibida del mundo exterior. Por lo tanto, si tu preferencia es ser sensible, es probable que prefieras ocuparte de los hechos, de lo que sabes, o describir lo que ves. Por otro lado, la Intuición significa que una persona cree principalmente en la información recibida del mundo interno. Este tipo de persona prefiere tratar con ideas, nuevas posibilidades o cosas más bien desconocidas.

3- Pensamiento - Sentimiento: El tercer par representa cómo una persona procesa la información. En pocas palabras, se trata de cómo una persona toma decisiones. Pensar significa que una persona toma una decisión principalmente a través de la lógica. Por lo tanto, tomará una decisión basada en la lógica objetiva, utilizando un enfoque analítico y desapegado. Sentir significa que una persona toma una decisión basada en la emoción. Las personas que pertenecen al tipo de sentimiento tomarán una decisión basándose en lo que creen que deben hacer, o en lo que creen que es importante.

. . .

Juicio - Percepción: El último par refleja cómo una persona pone en práctica la información que ha procesado. Juzgar significa que una persona organiza todos los acontecimientos de su vida y, por regla general, se ciñe a sus planes. Prefieren que todo esté bien planificado y estructurado. Percibir significa que la persona tiende a improvisar y a explorar opciones. Por lo general, prefieren dejarse llevar por la corriente, mantener la flexibilidad y responder a las cosas según vayan surgiendo.

Las cuatro características se convierten en un código de 16 letras diferentes para distinguir los tipos.

Los 16 tipos de personalidad: A continuación se presentará una visión general de los dieciséis tipos de personalidad.

INTJ - El arquitecto: Pensadores originales, analíticos y estratégicos. Los INTJ tienen la capacidad de convertir teorías abstractas en planes sólidos. Valoran el conocimiento y la competencia, y se dejan llevar por sus visiones. Pueden ser exigentes cuando se trata de su propio desempeño o el de otros, y eso los convierte en líderes naturales. Los INTJ están orientados a las tareas y trabajan intensamente para convertir sus visiones en realidades.

INTP - El lógico: Pensadores innovadores, lógicos y creativos. Los INTP tienen una sed insaciable de conocimiento y pueden entusiasmarse mucho con las teorías e ideas. Valoran el conocimiento, la competencia y la lógica.

Los INTP quieren dar sentido al mundo, y naturalmente cuestionan y critican las ideas mientras se esfuerzan por comprenderlas.

ENTJ - El comandante: Líderes asertivos, audaces y estratégicos, los ENTJ se sienten impulsados a liderar.

Para los ENTJ la fuerza motriz de sus vidas es su necesidad de analizar y poner en orden el mundo exterior de los acontecimientos. Valoran el conocimiento y la competencia, y tienen una excelente capacidad para comprender los problemas organizativos difíciles.

Prefieren un mundo estructurado y organizado, y destacan en el razonamiento lógico.

ENTP - El debatiente: Pensadores curiosos y creativos, los ENTP se emocionan por ideas frescas, nuevas personas o actividades novedosas. Estos pensadores disfrutan los debates, ya que estos les ayudan a encontrar patrones y sentido en el mundo.

. . .

Los ENTP son personas energéticas y entusiastas que llevan vidas espontáneas.

INFJ - El defensor: Idealistas silenciosos, originales y sensitivos, los INFJ prestan atención a las posibilidades e ideas del mundo interior. Son extremadamente intuitivos, y regularmente manifiestan una preocupación profunda por las personas y las relaciones.

INFP - El mediador: Idealistas silenciosos y reflexivos, los INFP tienen bien desarrollado su sistema de valores y se esfuerzan a vivir de acuerdo en este. Son idealistas, y siempre miran hacia hacer de este mundo un lugar mejor. Son de mente abierta y no son juiciosas, pero reaccionarán a alguna violación de sus creencias.

ENFJ - El protagonista: Líderes carismáticos e inspiradores, con un excelente don para tratar y relacionarse con las personas. Los ENFJ se centran en ayudar a las personas a aprender y crecer. Lo ven todo desde el punto de vista humano y eso les convierte en mentores naturales. A veces, incluso pueden anteponer las necesidades de los demás a las suyas propias.

ENFP - El activista: Espíritus creativos y entusiastas, quienes piensan que encontrar la felicidad es su misión. Tienen un gran don para tratar y relacionarse con las personas y acogen las relaciones con profundidad e intensidad emocional. Los ENFP suelen tener una amplia gama de intereses y habilidades, y pueden entusiasmarse con nuevas ideas.

ISTJ - El Logístico: Los ISTJ son personas prácticas, constantes y fiables. Bien organizados y trabajadores, trabajan con constancia para conseguir sus objetivos.

Los ISTJ suelen ser convencionales y prefieren los hechos probados a las ideas y los resúmenes o las teorías no probadas. Son extremadamente minuciosos, respondones y fiables.

ISFJ - El defensor: Dedicados y cálidos, los ISFJ siempre están dispuestos a defender o apoyar a sus seres queridos. Son extremadamente perceptivos de los sentimientos de los demás y suelen anteponer las necesidades de los demás a las suyas propias.

Se sienten seguros en las tradiciones y costumbres. Suelen ser muy humildes y mantienen un perfil bajo en todo momento.

ESTJ - El Ejecutivo: Práctico, tradicional y organizado. Saben dominar una situación y tomar las riendas para conseguir los resultados deseados. En otras palabras, son muy buenos para gestionar personas o situaciones. Siguen las reglas y cumplen las normas, y tienen una visión clara de cómo deben ser las cosas.

ESFJ - El Cónsul: Cordiales, sociables y organizados, a los ESFJ les encanta estar rodeados de gente y siempre están interesados en servir a los demás. Valoran las tradiciones y la seguridad, y tienen ideas bien definidas de cómo deben ser las cosas, por lo que a veces pueden ser juiciosos.

ISTP - El Virtuoso: Audaces, analíticos y prácticos, a los ISTP les gusta encontrar la lógica y el orden en la tecnología, por lo que suelen ser buenos con las cosas mecánicas. Son un poco complicados en sus deseos.

Les gusta entender la aplicación práctica de las cosas y cómo se pueden utilizar. Suelen disfrutar de los deportes extremos y las aventuras emocionantes.

ISFP - El aventurero: Artistas serios, sensibles y amables, los ISFP no juzgan y son tolerantes con la gente. No les gustan los conflictos, por lo que no suelen hacer nada que pueda resultar conflictivo. Son originales y creativos, y buscan la belleza estética. En lugar de ser un líder, los ISFP prefieren desempeñar un papel de apoyo.

. . .

ESTP - El emprendedor: Enérgicos, dominantes y orientados a la acción, los ESTP disfrutan de verdad viviendo al límite. Los ESTP prefieren "hacer" que cualquier otra cosa y se centran en los resultados inmediatos. Son aventureros que asumen riesgos y llevan un estilo de vida acelerado. Pueden aburrirse fácilmente cuando no están haciendo algo emocionante.

ESFP - El animador: Espontáneos, enérgicos y divertidos, los ESFP están orientados a la gente y son amantes de la diversión.

Les gusta ser el centro de atención en las situaciones sociales. Son muy entusiastas de la vida y hacen que las cosas sean más divertidas para los demás con su disfrute.

Ahora que has leído la lista completa de los 16 tipos de personalidad, estoy seguro de que tienes una idea más clara de los tipos de personalidad que existen. Espero que hayas podido hacer el test y descubrir cuál es tu propio tipo. Conocer tu tipo de personalidad es importante porque entenderte a ti mismo tiene un impacto significativo en lo que eres y en lo que quieres llegar a ser.

Todos los tipos son iguales: El objetivo de conocer el tipo de personalidad es comprender y apreciar las diferencias entre las personas. Como todos los tipos son iguales, no existe el mejor tipo.

. . .

El instrumento MBTI clasifica las preferencias y no mide los rasgos, la capacidad o el carácter.

El instrumento MBTI es diferente de muchos otros instrumentos psicológicos y también de otros tests de personalidad.

La mejor razón para elegir el instrumento MBTI para descubrir su tipo de personalidad es que cientos de estudios realizados en los últimos 40 años han demostrado que el instrumento es válido y fiable. En otras palabras, mide lo que dice que mide (validez) y produce los mismos resultados cuando se administra más de una vez (fiabilidad). Cuando quiera un perfil preciso de su tipo de personalidad, pregunte si el instrumento que piensa utilizar ha sido validado.

La teoría del tipo psicológico fue introducida en la década de 1920 por Carl G. Jung. La herramienta MBTI fue desarrollada en la década de 1940 por Isabel Briggs Myers y la investigación original se llevó a cabo en las décadas de 1940 y 1950. Esta investigación continúa, proporcionando a los usuarios información actualizada y nueva sobre el tipo psicológico y sus aplicaciones. Millones de personas en todo el mundo han realizado el Indicador cada año desde su primera publicación en 1962.

En qué se diferencia el MBTI de otros instrumentos: En primer lugar, el MBTI no es realmente un "test". No hay respuestas correctas o incorrectas y un tipo no es mejor que otro. El propósito del indicador no es evaluar la salud mental ni ofrecer ningún tipo de diagnóstico.

Además, a diferencia de muchos otros tipos de evaluaciones psicológicas, sus resultados no se comparan con ninguna norma. En lugar de observar su puntuación en comparación con los resultados de otras personas, el objetivo del instrumento es simplemente ofrecer más información sobre su propia personalidad única.

Fiabilidad y validez: Según la Fundación Myers & Briggs, el MBTI cumple con los estándares aceptados de fiabilidad y validez. Sin embargo, otros estudios han encontrado que la fiabilidad y la validez del instrumento no se han demostrado adecuadamente.

Los estudios han encontrado que entre el 40% y el 75% de los encuestados reciben un resultado diferente después de completar el inventario por segunda vez.

Un libro de 1992 del Comité de Técnicas para la Mejora del Rendimiento Humano y el Consejo Nacional de Investigación sugiere que "no hay suficiente investigación bien diseñada para justificar el uso del MBTI en los programas de orientación profesional". Muchas de las pruebas actuales se basan en metodologías inadecuadas".

. . .

El principal problema de los psicólogos con el MBTI es la ciencia que lo respalda, o la falta de ella. En 1991, un comité de la Academia Nacional de Ciencias revisó los datos de la investigación del MBTI y observó "la problemática discrepancia entre los resultados de la investigación (la falta de valor demostrado) y la popularidad".

El MBTI nació de ideas propuestas antes de que la psicología fuera una ciencia empírica; esas ideas no se probaron antes de que la herramienta se convirtiera en un producto comercial. Pero los psicólogos modernos exigen que un test de personalidad pase por ciertos criterios para ser confiable. "En las ciencias sociales, utilizamos cuatro estándares: ¿Son las categorías fiables, válidas, independientes y completas?"

Algunas investigaciones sugieren que el MBTI no es fiable porque la misma persona puede obtener resultados diferentes al volver a realizar el test. Otros estudios han cuestionado la validez del MBTI, es decir, la capacidad del test para relacionar con precisión los "tipos" con los resultados en el mundo real; por ejemplo, el rendimiento de las personas clasificadas como un determinado tipo en un trabajo determinado.

La empresa Myers-Briggs afirma que los estudios que desacreditan el MBTI son antiguos, pero sus resultados siguen perpetuando en los medios de comunicación.

· · ·

Desde aquellas primeras críticas, la empresa dice que ha realizado su propia investigación para perfeccionar el test y evaluar su validez. "Cuando se analiza la validez del instrumento [el MBTI], es tan válido como cualquier otra evaluación de la personalidad", dijo a USA Today Suresh Balasubramanian, director general de la empresa.

Sin embargo, algunas de las limitaciones del test son inherentes a su diseño conceptual.

Una de las limitaciones son las categorías en blanco y negro del MBTI: Se es extrovertido o introvertido, se juzga o se siente. Esto es un defecto, porque la gente no cae limpiamente en dos categorías en cualquier dimensión de la personalidad; en cambio, la gente tiene muchos grados diferentes de la dimensión. Y, de hecho, la mayoría de las personas se acercan a la media, y relativamente pocas se sitúan en uno de los extremos". Al colocar a las personas en cajas ordenadas, estamos separando a personas que en realidad son más parecidas entre sí que diferentes".

El MBTI puede estar pasando por alto aún más matices al evaluar sólo cuatro aspectos de las diferencias de personalidad. Hace varias décadas, los investigadores de la personalidad habían determinado que había al menos cinco dimensiones principales de la personalidad, y pruebas más recientes han demostrado que hay seis. Una de esas dimensiones tiene que ver con lo honesto y humilde que es alguien frente a lo engañoso y engreído, y la otra dimensión tiene que ver con lo paciente y agradable frente a lo irascible y discutidor que es alguien.

No es del todo inútil: Algunos de los defectos del MBTI se derivan de la naturaleza compleja y desordenada de la personalidad humana. Las categorías ordenadas del MBTI hacen que la personalidad parezca más clara y estable de lo que realmente es, según David Pincus, profesor de psicología de la Universidad Chapman de California. Los psicólogos prefieren otras herramientas, como los Cinco Grandes, que evalúan la personalidad basándose en la posición de un individuo en el espectro de cinco rasgos: amabilidad, conciencia, extraversión, apertura a la experiencia y neuroticismo. Según los expertos, el modelo de los Cinco Grandes tiene un mejor historial de validación científica que el MBTI.

Sin embargo, el MBTI no es del todo inútil.

Las personas se sienten atraídas por pruebas como el MBTI por el deseo de comprenderse a sí mismas y a los demás. Las cuatro dimensiones de las que se derivan los tipos del MBTI son útiles para describir la personalidad de las personas.

E incluso cuando los resultados del MBTI no coinciden del todo con tu intuición sobre ti mismo o simplemente son erróneos, pueden aportar información. Muchas personas que han realizado el MBTI han notado este efecto. Como escribió un antiguo empleado de Bridgewater Associates (un fondo de cobertura casi tan famoso por hacer que sus empleados se sometan a pruebas de personalidad como por sus 120.000 millones de dólares en activos) en Quartz, las etiquetas del MBTI nunca parecían describir completamente a una persona. En cambio, el valor real del test parecía estar en el esfuerzo por "reconciliar las diferencias entre lo que nos dicen los resultados del test y lo que sabemos que es cierto sobre nosotros mismos".

En este sentido, el MBTI puede servir como punto de partida para la autoexploración, al proporcionar a las personas una herramienta y un lenguaje para reflexionar sobre sí mismas y sobre los demás. El test es "un portal a una práctica elaborada de hablar y pensar sobre quién eres", escribió Merve Emre, profesora asociada de inglés en la Universidad de Oxford (Reino Unido), en "The Personality Brokers", una revisión de la historia del MBTI.

En última instancia, no es la etiqueta del MBTI, sino el poder de la introspección lo que impulsa los conocimientos y, a veces, alimenta la motivación para tomar medidas para cambiar la propia condición.

El MBTI en la actualidad: Debido a que el Indicador de Tipo de Personalidad Myers-Briggs es relativamente fácil de usar, se ha convertido en uno de los instrumentos psicológicos más populares que se utilizan actualmente. Aproximadamente dos millones de adultos estadounidenses completan el inventario cada año.

Aunque hay muchas versiones del MBTI disponibles en línea, hay que tener en cuenta que cualquiera de los cuestionarios informales que se pueden encontrar en Internet son sólo aproximaciones al verdadero.

El verdadero MBTI debe ser administrado por un profesional formado y cualificado que incluya un seguimiento de los resultados.

Hoy en día, el cuestionario puede administrarse en línea a través del editor del instrumento, CPP, Inc. e incluye la recepción de una interpretación profesional de sus resultados.

La versión actual del Indicador de Tipo Myers-Briggs incluye 93 preguntas de elección forzada en la versión norteamericana y 88 preguntas de elección forzada en la versión europea. Para cada pregunta, hay dos opciones diferentes entre las que el encuestado debe elegir.

Lo que hemos aprendido:

· · ·

Es importante encontrar tu tipo de personalidad porque te ayudará a entenderte mejor a ti mismo.

Con un conocimiento más profundo de ti mismo estarás mejor equipado para descubrir qué tipo de trabajo y profesión te llevará a la felicidad y a un mayor éxito.

El Indicador de tipo Myers-Briggs afirma que existen dieciséis tipos de personalidad diferentes.

Hay ocho características que nos ayudan a determinar nuestros tipos de personalidad y están emparejadas.

Cada par constituye una categoría diferente: Extraversión - Introversión, Sensibilidad - Intuición, Pensar - Sentir, Juzgar - Percibir.

Hay dieciséis tipos de personalidad muy diferentes y distintos, por lo que es importante que determines cuál se aplica a ti.

Esto puede parecer una pérdida de tiempo, pero es necesario si quieres tener todas las herramientas para dar lo mejor de ti en este proceso.

. . .

Preguntas para hacerte a ti mismo:

- ¿Qué es lo que más me motiva o impulsa a tener éxito?
- ¿Cuáles son las cinco palabras que más me describen?
- ¿Qué me hace único?
- ¿Qué es lo que más valoro?
- ¿En qué miento? ¿Por qué?
- ¿Soy una persona que asume riesgos?
- ¿Soy una persona paciente?

Estas preguntas y sus respuestas te ayudarán a explorarte a un nivel más profundo. En el próximo capítulo, se te ayudará a encontrar lo que más te interesa y se te enseñará a utilizarlo en tu elección de carrera basada en tus pasiones.

4

Encuentra tu pasión

ENCONTRAR lo que realmente te interesa puede ayudarte a superar tu miedo a lo desconocido. Mucha gente no sabe dónde está su pasión, o en qué consiste la pasión. Uno de los primeros pasos es averiguar qué te impulsa, qué te interesa, cuáles son tus ambiciones y qué hace cantar a tu corazón.

Cuando pienses en la felicidad e imagines que el sentimiento brota de ti como una caja de sorpresas, pregúntate: "¿Cuándo fui feliz por última vez?". "¿Qué estaba haciendo?" "¿Dónde estaba?" Quizá fue cuando estabas con los niños o los ancianos. ¿Fue cuando saliste de la ciudad solo o con amigos cantando a pleno pulmón? ¿Fue un momento que pasaste con la familia? ¿O tal vez fue simplemente tomar un baño en la dicha de tu propio silencio? Cuando descubras qué es lo que te hace más feliz, podrás averiguar dónde están tus pasiones y los intereses que te motivan.

. . .

Cómo identificar y perseguir tus pasiones: Siendo un entrenador personal de vida, muchas personas han venido a mí y me han preguntado: "¿Por qué es que sobresalgo en el trabajo que estoy haciendo, pero simplemente no me gusta?" Esta es una pregunta que se escucha más veces de las que te puedes imaginar.

Hay una respuesta directa a esta pregunta. Somos buenos en muchas cosas, pero no tiene por qué gustarnos lo que hacemos bien. La razón por la que la mayoría de la gente es buena en su trabajo pero se siente miserable en lo que hace es que eligió una carrera con responsabilidades que no se ajustan a su personalidad. Están haciendo cosas que han aprendido a hacer pero no tienen habilidades naturales para hacerlas. Así que aquí tienes unos cuantos pasos para encontrar tus intereses y poder vivir una vida apasionada.

1- Recuerda lo que te hacía feliz cuando eras pequeño: Cuando recordamos cuáles eran nuestros intereses cuando éramos niños, podemos relacionarlos con lo que nos gusta hacer ahora. Antes de pensar en lo que vas a hacer, recuerda a qué te gustaba jugar. ¿Era salir con tus amigos al parque de la calle? ¿Era perseguir a un perro o a una mascota? ¿Te gustaba hablar por teléfono? ¿O contar historias alrededor de la hoguera? ¿Explorabas mucho? Sea lo que sea, es fundamental que vuelvas a ponerte en contacto con esos intereses naturales para aprender más sobre lo que puedes hacer con ellos. Ahora pregúntate lo siguiente. ¿Cuáles eran tus intereses en el pasado? ¿Son los mismos ahora?

. . .

Repasemos el ejemplo de la vida de Luisa. Luisa de pequeña era muy atenta, pensativa y callada. No tenía muchos amigos, pero los que tenía eran muy buenos.

Cuando estudiaba la primaria, en el primer grado, Luisa jugaba a los astronautas con sus amigos: ellos amaban ese juego. Mientras unos piloteaban la nave espacial, otros caminaban por Marte o cuidaban de que la misión siguiera su curso desde la tierra.

Creaban y recreaban diferentes escenas de acción o se ponían a discutir y a platicar como sería el espacio en la vida real: si ahí hay agua, si se puede respirar sin casco, si se pueden tener mascotas en el espacio, en fin, una infinidad de temas. Además de tener estas horas de juego, Luisa disfrutaba ampliamente de las clases de matemáticas. Ella creía que con las matemáticas podría entender más el mundo, incluso ese mundo espacial que tanto imaginaba con sus amigos.

Si bien Luisa, al crecer, no se volvió astronauta, sí se volvió ingeniera química. No es que no haya cumplido su sueño, sino que al crecer incorporó aspectos más amplios de su realidad y de su autoconocimiento y decidió que la ingeniería química era más para ella.

. . .

Pero la semilla de estas ansías de entender más el mundo, de curiosidad, imaginación, de interés por las matemáticas estuvo presente en su vida desde la niñez.

Aquella niña que quería entender más el mundo ya lo está haciendo.

Lo importante es que, no solamente recuerdes las vivencias de tu niñez, sino que lleves esas experiencias a tu presente.

2 - No pienses mucho aún en cuánto va a ser tu ganancia monetaria: Si el dinero no fuera una opción y todos viviéramos mediante trueques, o si el dinero no existiera, ¿cómo pasarías tu tiempo? ¿Estarías con sus hijos? ¿Viajarías? ¿Serías investigador? ¿O ayudarías a tus vecinos convirtiéndote en un ciudadano amable? La cuestión es que si te centras en cuánto dinero vas a ganar en comparación con otros trabajos, probablemente te quedarás atascado haciendo lo que no te gusta.

Además, ten en cuenta que no solo de dinero subsiste el ser humano. Imagina las experiencias que tendrías al hacer lo que te apasiona, las personas y los lugares que podrás conocer, los conocimientos que podrás tener y la felicidad a tu alcance. Eso sí, Sé realista, si bien el dinero no lo es todo, sí es importante. Por eso es necesario que haga un balance entre un idealismo y un realismo: el justo medio será perfecto para que lleves a cabo los planes de tu vida de la mejor opción posible.

3- Pide consejo a tus amigos y familiares: Nadie nos conoce mejor que aquellos de los que nos rodeamos mientras crecemos. Busca la opinión y el apoyo de aquellos con los que te relacionas. Tus amigos y familiares te contarán historias y compartirán recuerdos sobre lo que te divertías haciendo. Aprovecha un día y llévalos a comer. Crear vínculos también es una gran habilidad para tener en cualquier escenario o interés.

Tus familiares y amigos quizás no sean expertos en los temas que te interesan, pero en lo que sí te pueden ayudar es compartiendo sus experiencias de vida. Tu padre también tuvo que pasar por un procedimiento muy parecido al tuyo: tuvo que prepararse, conseguir trabajo; seguramente ha sufrido ansiedades y pensamientos negativos muy parecidos a los tuyos. ¡Escúchale! de seguro tiene algo que decirte. Lo mismo con tu madre, abuelos y abuelas. Cada experiencia de vida es individual e incomparable, pero compartiendo puedes encontrar paralelismos y quizás otras experiencias te puedan ayudar en tu propia experiencia.

Algo similar pasa con las amistades.

La mayoría de las veces nuestros amigos tienen la misma edad que nosotros o una cercana. Es muy probable que estén viviendo una situación muy parecida a la tuya: acércate a ellos, dialoguen, ¡juntos quizás encuentran las respuestas o soluciones a sus propios problemas! Lo importante es el diálogo y la transparencia y honestidad en las relaciones.

4- Lee el catálogo de cursos de la universidad: Si sigues atascado y no tienes ni idea, prueba a echar un vistazo al catálogo de cursos. Si ves algo que despierta tu interés, investiga sobre el resultado final de trabajar realmente un día en la vida de este. Mientras lees el catálogo, pregúntate en qué te sentirías cómodo enseñando si lo supieras todo. Qué temas te asustan y cuáles te parecen demasiado fáciles. Una vez que encuentres un interés, habrás encontrado algo en lo que incursionar y ver si realmente te gusta.

En este paso es importante que no ahogues o pares tu imaginación. No te autolimites. Si una carrera te interesa, investígala, incluso si se te hace muy poco probable que llegues a incursionar en ella.

5- Descubre a tu héroe que te inspire: Pregúntate a quién admiras más en este mundo. ¿Es la cantante Nathy Peluso? ¿El presentador de un programa de entrevistas, Omar Chaparro? ¿Es tu dermatólogo? ¿Tal vez sea tu estilista? Sea lo que sea, o quien sea, una vez que lo encuentres, el siguiente paso es preguntarle cómo ha llegado a donde está. ¿Qué pasos han tenido que dar y, sobre todo, si les gusta lo que hacen?

. . .

Busca en internet entrevistas que le hayan hecho, revisa todo su material artístico o técnico, investiga que dice las otras personas sobre de ellos: es importante que te vuelvas cercano a esa figura heroica, aunque esta no tenga ninguna noticia de ti.

Si no es posible ponerte en contacto con ellos, investiga lo que puedas sobre ellos. Busca cosas como hojas de datos y sobre la posición que ocupan tus ídolos. ¿Cómo han llegado hasta ahí? Una vez que recojas toda la información, pregúntate: "¿Cómo puedo relacionarme con esto?" y "¿Me veo en este campo?".

6- Piensa en lo que te gusta hacer y en lo que también eres bueno: Después de todo, concluye todos los datos que has recogido. Tras examinar detenidamente la información que te han proporcionado, piensa en lo que has aprendido. Limita tus búsquedas a las cosas que te gustan y te interesan. Escribe qué aficiones te gustan, ya sea jugar con animales, cuidar de los niños, hacer manualidades, hornear o inventar cosas.

Después, vuelve a reducir la búsqueda a las tres o cuatro cosas que más te interesan.

. . .

Para ayudarte en este último punto, te recomendamos que escribas las cosas que te gustan y te interesen en una hoja de papel. Haz la misma lista, pero ahora sobre las cosas que sabes hacer. Es importante que estas dos listas tengan una jerarquía. Mientras más te guste y te interese algo más arriba estará en la lista. Lo mismo con las cosas que sabes hacer.

Cuando termines tus dos listas, compara: ¿qué similitudes hay entre las dos listas? ¿Hay alguna cosa que esté hasta arriba en ambas listas? ¿cuál es y por qué?

Este recurso te ayudará como guía visual y organizacional de tus pensamientos e intereses.

Lo que hemos aprendido: Este capítulo ha sido corto, pero hemos aprendido lo siguiente dentro de los pasos para encontrar nuestros intereses:

La mayoría de nosotros, en algún momento de nuestra vida, acabamos haciendo algo para ganarnos la vida que no se corresponde con aquello para lo que estamos naturalmente orientados.

Para ganarnos la vida, aprendemos habilidades que necesitamos para hacer nuestro trabajo, pero eso no significa que seamos felices utilizándolas. Es natural que prefiramos utilizar nuestras habilidades e intereses naturales.

. . .

En el camino, es posible que hayas olvidado lo que te apasiona. Intenta recordar lo que te entusiasmaba de niño. Sí, el dinero es importante, pero no lo es todo.

No hagas que el dinero sea un factor cuando consideres tus pasiones.

Tus amigos y tu familia son los que mejor te conocen, así que pídeles su opinión sobre lo que creen que puede entusiasmarte.

Hojea el catálogo de cursos de la universidad para inspirarte. No te olvides de los cursos nocturnos, ¡nunca se sabe lo que puede llamar tu atención!

¿A quién admiras más? ¿Qué pasiones coinciden más con las tuyas? ¿Cómo lo han conseguido y qué consejos puedes tomar de su enfoque?

No te centres sólo en lo que se te da bien, sino también en algo que realmente disfrutes. Así que, ahora que hemos aprendido a encontrar tus intereses, voy a darte una serie de preguntas para que te hagas a ti mismo y puedas profundizar un poco más.

241

. . .

Preguntas para hacerte a ti mismo:

- Cuando era niño, ¿qué me gustaba?
- Cuando era más joven, ¿qué quería llegar a ser?
- Ahora mismo, ¿qué es lo que me entusiasma?
- ¿Pensando qué cosas pierdo la noción del tiempo?
- ¿Sobre qué me encanta leer, investigar o soñar despierto?
- ¿Qué es lo que más me divierte?
- Si pudiera hacer una cosa durante el resto de mi vida, ¿qué sería?
- ¿Me encantaría? ¿Con qué facilidad me aburriría? Si no existiera el dinero, ¿qué haría con mi tiempo?

Ahora que hemos hablado de lo que te interesa, es el momento de profundizar en las oportunidades de lo que te hace grande. Es el momento de preguntarte qué es lo que te esfuerzas en hacer y qué te hace bueno haciendo esas cosas.

5

¿En qué eres bueno?

¿EN QUÉ SOY BUENO? Esta es una pregunta que se hace la mayoría de la gente. Después de vivir una vida llena de experiencias y analizar lo que nos hace felices y lo que nos entristece, uno cree que lo sabría. Pero encontrar lo que se nos da bien no es tan sencillo. Requiere de mucha preparación previa. Es clave que trates de ser, sobre todo, amable contigo mismo.

Piénsalo: muchas personas tienen trabajos que odian porque no han encontrado su verdadera pasión. Son buenos en algunas cosas y eso es lo que hacen, pero no pueden decidir cuál es esa gran cosa que quieren hacer para siempre.

A muchas personas les costó años y mucha práctica ver en qué eran buenos. Tomemos el ejemplo de Jorge.

· · ·

Cuando él fue consciente de que iba a ser padre por primera vez, Jorge supo que tenía que mantener a su nueva familia. También sabía que eso significaría ganar más dinero del que le permitía su trabajo de entrenador personal. Tenía ganas de probar a crear un nuevo negocio, algo que fuera suyo de principio a fin.

Así fue como se metió en el mundo del diseño. Probó a diseñar equipos de entrenamiento y una gama de ropa de entrenamiento. Incluso creó la marca de una nueva bebida energética que había creado. Sin embargo, todo esto no llegó a cuajar porque no se centraba en lo que realmente le apasionaba: ayudar a la gente.

La paternidad fue algo natural para Jorge, y este ni siquiera sabía que iba a ser bueno en ello antes de tener hijos. Además, los hijos no vienen con un manual de instrucciones, y se cometen muchos errores. Sin embargo, es bueno cometer errores porque no encontraremos lo que se nos da bien sin ellos.

Otra pregunta que deberías hacerte antes de descubrir en qué destacas es en qué no eres bueno. Averiguar tus puntos fuertes y débiles es el primer paso para descubrir lo que puedes y no puedes hacer. Una cosa es que te interese algo, pero si no se te da bien hacerlo, entonces te habrás preparado para una carrera decepcionante.

. . .

Encontrar tus puntos fuertes y débiles: Para identificar tus puntos fuertes y débiles, piensa en las actividades en las que más participas o que más te gustan.

Este ejercicio puede llevar unos días o incluso semanas, pero merece la pena el esfuerzo.

A continuación se te enseñará a encontrar tus puntos fuertes y débiles creando algunas listas, hablando con la gente y probando cosas nuevas. Empecemos por seguir estos tres sencillos pasos:

Paso 1: Haz dos listas de lo que amas hacer y de lo que odias hacer. Para saber en qué eres bueno, primero tienes que averiguar qué te gusta hacer. Así que empecemos por hacer una lista de estas cosas.

Piensa en lo que te gusta e igualmente en lo que no te gusta. En otras palabras, quiero que hagas dos listas: "lo que me gusta hacer" y "lo que odio hacer". Tómate tu tiempo y escribe todo lo que puedas.

La mayoría de las veces encontrarás tus puntos fuertes y débiles en estas dos listas, sin embargo, a veces lo que te gusta hacer no equivale necesariamente a lo que se te da bien. Tus puntos fuertes son aquellas cosas por las que la gente te felicita constantemente o por las que acude a ti para pedirte consejo. Por eso puede ser muy útil buscar la opinión de otros.

. . .

Paso 2: Habla con tus amigos o familiares. El ejercicio de Reflexión sobre el Mejor Yo (RBS) es una buena manera de ayudarte a descubrir cuáles son tus puntos fuertes y débiles. Para ello, enumera nombres de personas en todos los aspectos de tu vida. Esto incluye a amigos, familiares, colegas y antiguos profesores o maestros. El tipo de personas a las que pides consejo también es importante. Busca a alguien en quien puedas confiar y con quien puedas relacionarte.

Quieres hablar con alguien que sea honesto y que haya sido honesto contigo en el pasado. Una vez que hayas decidido a quién pedirle opinión, envíale un correo electrónico o un mensaje sobre tus puntos fuertes y débiles. Te sorprenderá lo útil que puede ser este sencillo ejercicio.

Paso 3: Experimenta cosas nuevas / Ve a la aventura.

El último paso es salir de tu zona de confort y explorar un poco más tu personalidad. Arriésgate y haz lo que no harías habitualmente. Para encontrar lo que se nos da bien, tenemos que hacer lo que creemos que se nos da bien. Pregúntate esto: ¿Cómo puedo encontrar mi pasión si no estoy dispuesto a salir y ser aventurero?

Como se explica en el primer capítulo, siempre hay tiempo.

· · ·

Ahora que hemos descubierto cómo averiguar tus puntos fuertes y débiles, vamos a profundizar y ver qué podemos descubrir.

Descubre en qué eres bueno: Si has hecho los ejercicios de los capítulos anteriores, habrás hecho un test de personalidad y habrás descubierto en qué estás interesado. Las siguientes formas te ayudarán a encontrar lo que se te da bien. Empecemos.

1. Haz un test: Como acabamos de mencionar, lo primero que tienes que hacer es tomar un test de personalidad. Te recomiendo encarecidamente que te tomes unos minutos para hacerlo primero. Por ejemplo, cuando Luis hizo su test de personalidad, descubrió que era bueno en creatividad y persuasión, y por eso es bueno en su elección de carrera de emprendedor y de ser coach de vida.

Lo ideal sería que tomaras el test con la mente tranquila. Trata de que, cuando lo respondas, estés en un ambiente tranquilo y en el cual te sientas cómodo. Esto te ayudará a que lo que respondas sea lo más fiel posible a lo que verdaderamente eres.

2. Mira hacia tu pasado: Lo que la gente no sabe es que ya sabemos lo que nos gusta hacer por nuestras experiencias pasadas. Deja de intentar averiguar lo que quieres hacer. En su lugar, reflexiona y escríbelo para que no se te olvide. Cuando los resultados de la prueba de Luis mostraron la

creatividad y la persuasión, este pensó en cuando era un niño. Él era el líder de su grupo, y lo era porque era extrovertido y persuasivo.

Luis era el niño que tenía ideas creativas que todos amaban. Ahora piensa en tu infancia. ¿En qué eras bueno?

No tienes que responder esta pregunta de forma en que la respuesta sea algún talento o habilidad, tal como "bailar", "tocar tal instrumento", "ser bueno en matemáticas", etc. Igual cuentan como respuestas "ser bueno escuchando", "ser bueno prestando atención", "ser bueno siendo ordenado": cualquier talento cuenta, y no hay talentos "mejores" ni "peores".

3. ¿Qué es lo que se te da con más naturalidad?

Concéntrate en lo que te resulta más fácil. Cuando encuentres la respuesta, esta será la definición de lo que se te da bien.

Por ejemplo, a algunas personas se les da muy bien hacer amigos, y a otras les resulta difícil ser abiertas y vulnerables. ¿Y tú? ¿Qué actividades te resultan naturales?

.   .   .

4. Reflexiona sobre las cosas nuevas que has probado. Cuando saliste de tu zona de confort y probaste algo nuevo, ¿qué notaste? ¿Hiciste una lista y creaste recuerdos al respecto? ¿Cuáles fueron tus sentimientos?

¿Qué te pareció interesante de esta experiencia? Vuelve a ponerte en situación y concéntrate en aquello que se te daba bien y que no sabías que eras.

5. Piensa en tu elemento. ¿Has pensado alguna vez en tu elemento? Piensa en el momento en que te sentiste más a gusto haciendo algo. Este es tu elemento. Esto es en lo que puedes destacar.

Lo que hemos aprendido:

Descubre en qué eres bueno averiguando cuáles son tus puntos fuertes y débiles.

Empieza por hacer dos listas: lo que te gusta hacer y lo que odias absolutamente hacer. A partir de ahí podrás determinar tus puntos fuertes y débiles.

Utiliza la estrategia del mejor yo reflexivo y haz una lista de personas a las que puedes acudir para que te den su opinión.

. . .

No tengas miedo de ampliar tus horizontes y probar cosas que nunca habrías pensado hacer antes. Aventúrate y aprende más sobre ti mismo.

Ese test de personalidad que se ha mencionado antes, tenlo preparado y utiliza los resultados para ayudarte.

Las nuevas experiencias y aventuras son muy importantes, pero no te olvides de utilizar también tus experiencias.

Recuerda que disfrutarás más haciendo cosas en las que las habilidades implicadas son las que te resultan naturales y te hacen sentir más cómodo.

Cuando hayas probado algo nuevo o hayas emprendido una nueva aventura, asegúrate de reflexionar sobre ello. ¿Qué te ha gustado? ¿Qué no te ha gustado?

Preguntas para hacerte a ti mismo:

- ¿Qué viene muy fácil hacia mí?
- ¿Cuál es mi elemento?
- ¿Cuáles son mis fortalezas naturales?
- ¿Cuáles son mis debilidades? ¿En qué necesito trabajar?
- ¿Qué dicen los demás sobre mí?
- ¿Qué disfruta más ayudando a la gente?

En el siguiente capítulo aprenderemos y estudiaremos lo que te hace enojar. Abordaremos qué es lo que te hace hervir la sangre, y descubriremos formas de evitarlo.

Sí, sé que estás confundido sobre qué tiene que ver esto con encontrar tu pasión. No te preocupes, todo se explicará en el próximo capítulo.

6

¿Qué te hace enojar?

LA IRA ES una emoción poderosa que puede hacerte perder el control si se lo permites. Por otro lado, puedes utilizarla como combustible para encender la pasión y alcanzar objetivos.

Según la Real Academia Española, esta es la definición de ira: "Pasión del alma, que causa indignación y enojo". Es decir, la ira es en estado de nuestra interior en el cual este no está de acuerdo con cierta situación; ahí surge la indignación. Nos encontramos con una situación que no nos parece, nos incomoda, la consideramos una injusticia: las cosas no deberían de ser así, nos decimos.

En un primer momento, esto quizás solo nos cause indignación, pero con el paso del tiempo, si no se restablece la situación a un estado de justicia podemos explotar. Ahí surge el enojo.

. . .

En nuestro camino para descubrir nuestra pasión, debemos de entender que cada persona es diferente.

Esto es algo bueno. La individualidad de cada persona hace que cada persona sea especial y diferente, al mismo tiempo. También, por lo tanto, cada persona tendrá un nivel diferente de ira; quizás y alguna persona se enoje más rápido o lento, o quizás no le guste expresar su enojo... en fin, hay un millón de posibilidades. Será tu trabajo autoconocerte y matizar en tu interior cómo te enojas, en cuanto tiempo, por qué lo haces, cómo lo expresas y cómo lo controlas para que así este ejercicio te facilite el camino hacia encontrar tu pasión.

La ira y la frustración pueden provenir de una herida, y muchas veces es una respuesta a una emoción.

Por ejemplo, si tienes ambición por algo, lo único que quieres es que las cosas salgan bien. Pero a veces otra persona, o algún factor externo, puede llegar a tener un efecto adverso en lo que estás haciendo. Cuando esto ocurre, es normal que te enfades. Es natural, ya que lo que hace que tu corazón lata más rápido son las cosas que te importan.

. . .

En este capítulo hablaremos de lo que te hace hervir la sangre, de lo que hace llorar a tu corazón, de lo que desearías cambiar y de los pequeños pasos que puedes dar para conseguirlo. Es importante ser completamente sinceros acerca de nuestro comportamiento. Que no te avergüences de reconocerte enojón o caprichoso. En la casa que es tu cuerpo solo vives tú, entonces, ¿quién más te podrá juzgar además de ti? Ninguna emoción y sentimiento es malo. Es malo cuando ya toma un control total de nuestra vida diaria y de nuestros hábitos. Por eso es importante que reconozcas estos sentimientos y emociones en tu interior.

Cómo identificar lo que te desencadena. Las personas se desencadenan por muchas razones.

Digamos que estás en una conversación, todo parece estar bien y luego, de la nada, empiezas a sentir temblores, aumento del ritmo cardíaco, ansiedad, desapego, y empiezas a ponerte húmedo o a sudar rápidamente. Esto sucede porque has sido desencadenado.

Puede que te hayas desencadenado por un desacuerdo, por diferentes perspectivas a través de una conversación, o puede que esté relacionado con un trauma. Esto es lo que hay que tener en cuenta cuando te has desencadenado, antes de explotar:

. . .

1. Presta atención a tu cuerpo. Tu cuerpo empezará a temblar o a sudar y empezará a empeorar gradualmente a medida que avanza la situación en la que te encuentras. Tus músculos están tensos y empiezas a sentir hormigueo o calor. Lo mejor es que te alejes y te calmes, o que aprendas a manejar lo que sea que se te presente en ese momento.

Una vez le pasó lo siguiente a Juan: Juan es fotógrafo.

Tiene 30 años y lleva un poco más de 3 años fotografiando eventos como bodas, bautizos y graduaciones.

Además de tener un trabajo como fotógrafo de eventos, también se dedica a la fotografía artística. Juan tiene en mucha estima a la fotografía. En un evento que estaba cubriendo, mientras tomaba fotos, se le acercaron a él un grupo de señores. Primero platicaron: era una charla amena. Pero después los señores empezaron a hacer comentarios despectivos acerca de la fotografía, así como "la fotografía la puede ejercer cualquier persona", "es muy fácil", "debería de ser más barata".

A Juan, como un fotógrafo profesional con más de 3 años de carrera, esto le enfureció. Pero como estaba muy inmerso en su trabajo, estando atento a capturar momentos, él no se dio cuenta de su enojo. No fue sino cuando empezó a sudar, a temblar, sus manos y cuello estaban tensos y sentía un calor insoportable.

Muchas veces podríamos no darnos cuenta de nuestro estado de enojo.

Ya sea porque estamos en un espacio social o de trabajo, podemos estar tan inmersos en el ambiente que quizás no racionalicemos nuestro enojo. Es importante estar pendiente de cómo te sientes física y fisiológicamente.

2. Vigila tus pensamientos. ¿Hay pensamientos negativos en tu cabeza? ¿Tu cerebro te dice que algo es bueno o malo, correcto o incorrecto, agradable o malvado? Cuando tus pensamientos están poniendo una etiqueta a las cosas, pueden pasar por una serie de emociones y una de ellas será la ira.

Vigila estos pensamientos y no los juzgues. Recuerda que la ira es un sentimiento natural; es una reacción necesaria de tu cuerpo. Sin embargo, este sentimiento no tiene que dominar tu cuerpo ni la mayoría de tus pensamientos. Es una línea delgada, y es indispensable tenerla en cuenta a la hora de actuar.

. . .

3. ¿Qué estabas haciendo? El enfado no proviene sólo de tu interior, sino también de tu entorno.

Piensa en lo que ha pasado o en lo que se ha dicho que te ha hecho enfadar. ¿Fue un día estresante? Tal vez discutiste con un ser querido. Sea lo que sea, asegúrate de que tu ira no proviene de ningún otro sitio.

¿Qué te hace hervir la sangre? ¿Qué te hace querer ir a defender algo? ¿Qué quieres cambiar en este mundo? Si lo piensas bien, lo que te hace enfadar es algo que te importa, y probablemente lo que el mundo necesita.

Cuando te paras y prestas atención a cómo te hace sentir algo, puedes encontrar lo que te importa, lo que te entusiasma y lo que te apasiona.

¿Te sientes frustrado cuando el tráfico es malo? ¿Te molestan los cachorros que son abandonados? ¿No soportas los plásticos de un solo uso?

¿Lo ves? ¡Hay oportunidades en todas partes! Averigua qué problemas son los más importantes para ti e intenta resolverlos a través de tu carrera.

. . .

Cuando empieces a escuchar tu voz interior y te centres en tus puntos fuertes, te empezará a hervir la sangre y lo sentirás.

Si sientes algo profundamente, no ignores ese sentimiento y sigue adelante con tu vida. Tienes el poder para cambiar el mundo. Deja ir tu miedo y abraza tu pasión.

Lo que hemos aprendido:

La ira puede alimentar la pasión de muchas maneras, y es importante averiguar qué es lo que te provoca. Es natural que te apasionen las cosas que te importan. La ira puede ser una demostración de esa pasión, pero hay que mantenerla bajo control.

Es importante prestar atención a lo que te dice tu cuerpo. Tu cuerpo te dirá todo lo que necesitas saber sobre cómo te sientes.

La sudoración excesiva, las sacudidas o los temblores son señales de que tu ira se ha disparado.

Es importante prestar atención a tu cuerpo y a lo que te dice, pero también escuchar tus propios pensamientos. Esto puede ser difícil, ya que se agolpan en tu mente, pero ten cuidado porque se acumulan hasta convertirse en sentimientos de ira.

Intenta averiguar de dónde procede tu ira. ¿Tu ira proviene de algo que está empezando a enturbiar las relaciones y otras áreas de tu vida?

La ira no tiene por qué ser sólo un elemento negativo. Si analizas tu enfado puedes determinar lo que significa y utilizarlo para descubrir tus pasiones.

Cuando ves que algo se hace mal, significa que esa cosa te apasiona. Ese enfado puede ser lo que te muestre lo que te apasiona.

Preguntas que debes hacerte:

- ¿Qué me provoca?
- ¿Con qué pensamientos o conversaciones hacen que me hierva la sangre?
- Si se pudiera cambiar el mundo, ¿qué es lo primero que cambiarías?
- ¿Qué pasiones tengo que me hacen enfadar?

En el próximo capítulo, hablaremos de una herramienta

que, no solo te será bastante útil en la comprensión de tu enojo, sino que también te auxiliará en la búsqueda de tu pasión: el mindfulness.

7

Introducción al mindfulness

EL MINDFULNESS. Muchas cosas se han dicho de esta práctica pero, ¿cómo practicarla realmente? ¿para qué sirve? ¿en qué puede ser útil en este libro?

De seguro has oído hablar del mindfulness. Tal vez incluso hayas probado a practicar el mindfulness o hayas leído sobre su función para ayudar a controlar el estrés. No eres el único: vivimos en un mundo extremadamente acelerado y, a veces, nos olvidamos de estar atentos a nosotros mismos.

En este capítulo, veremos qué significa realmente el mindfulness y cómo puedes utilizar esta práctica en tu vida diaria. ¿Para qué sirve el mindfulness? También hablaremos de ello y, con suerte, podrás ver por qué el concepto se ha vuelto tan intensamente popular en los medios de comunicación.

. . .

¿Qué es el mindfulness? no es raro que la gente equipare el mindfulness con la meditación. Es cierto que la meditación es una forma extremadamente poderosa de practicar el mindfulness, pero eso no es todo.

Según la Asociación Americana de Psicología, el mindfulness es:

"...una conciencia momento a momento de la propia experiencia sin juicio. En este sentido, el mindfulness es un estado y no un rasgo. Aunque puede ser promovido por ciertas prácticas o actividades, como la meditación, no es equivalente ni sinónimo de ellas."

Como vemos, el mindfulness es un estado que puede ser provocado a través de la práctica.

No es algo estático, ni algunas personas "nacen más conscientes" que otras. Implica conciencia, e imparcialidad sobre lo que obtenemos de esta conciencia. En la era de las redes sociales, en la que las opiniones, los gustos y los comentarios son más que frecuentes, es fácil ver cómo la reflexión sin prejuicios puede ser un cambio bienvenido.

Otra definición proviene de Jon Kabat Zinn, que goza de un importante reconocimiento mundial por su trabajo sobre la reducción del estrés basada en la atención plena (MBSR): "La conciencia que surge de prestar atención, a propósito, en el momento presente y sin juzgar".

Esta es la definición más aceptada en la literatura profesional y académica, y quizás más descriptiva para quienes quieren empezar a practicar. Además de la conciencia, Kabat-Zinn nos dice que centremos la atención consciente en el "aquí y ahora". Es un concepto con el que la mayoría de los que practican la meditación ya estarán familiarizados, y es por ello que ambos suelen ir de la mano.

Examinando la psicología detrás de Mindfulness: Sin querer hacer un mal juego de palabras, el aumento de la concienciación pública sobre el mindfulness ha ido acompañado de un aumento de la literatura académica que examina el concepto. Esto significa que no es difícil encontrar estudios empíricos sobre la psicología del mindfulness.

La mayoría de ellos se centran en los beneficios de la práctica del mindfulness, en los que profundizaremos en breve. Por el momento, tocamos brevemente algunas áreas de interés para los psicólogos positivos y clínicos por igual.

Estas incluyen:

. . .

Definir el constructo de forma operativa, es decir, encontrar una forma científicamente medible (y comprobable) de describir el mindfulness. Bishop y sus colegas (2004) examinan esta cuestión en profundidad en su artículo Mindfulness: A Proposed Operational Definition, que resume una serie de reuniones celebradas con este fin;

Beneficios del mindfulness: cómo su práctica puede ser útil para el bienestar, la calidad de vida y la salud.

Entre los temas más populares en este campo, comprensiblemente vasto, se encuentran los efectos del mindfulness en la salud física y cómo puede ayudarnos a gestionar diferentes síntomas;

Reducción del estrés basada en la atención plena: cómo la atención plena puede ayudarnos a lidiar con la ansiedad, el estrés y el TOC, entre otros. Un estudio fundamental en este campo fue el realizado por Shapiro y sus colegas (1997), que analiza cómo los estudiantes de medicina y de premédica utilizaron la MBSR para hacer frente al estrés; y

Terapia cognitiva basada en el mindfulness, que examina el papel de la atención plena en el tratamiento de la depresión y los trastornos del estado de ánimo.

· · ·

Y, por supuesto, hay muchos, muchos profesionales que buscan constantemente desarrollar, refinar y aplicar los beneficios psicológicos del mindfulness en áreas nicho.

Comencemos con una mirada a cómo el mindfulness llegó a ser un tema tan influyente en tantas áreas de la práctica.

Historia y origen del mindfulness: Una de las numerosas razones por las que Jon Kabat-Zinn está tan ampliamente vinculado al concepto de mindfulness es porque generalmente se acepta que reimaginó las prácticas de contemplación budistas para una era secular hace casi 40 años. Solo por esta frase, ya sabemos dos cosas.

Primero, que las prácticas de mindfulness existen desde hace mucho tiempo. En segundo lugar, podemos rastrear al menos una gran parte de su popularidad actual en el mundo occidental hasta el trabajo del Dr. Kabat-Zinn en MBSR.

La propia historia de Kabat-Zinn es, cuando menos, inspiradora, y un buen punto de partida.

Cuando era estudiante del MIT, conoció las filosofías budistas al conocer a Philip Kapleau, un practicante del zen que dio una charla en el Instituto. A continuación, pasó a desarrollar la MBSR en un entorno científico, aportando su aprendizaje de muchos años de enseñanza de la meditación al campo. En 1979, fundó la Escuela de Reducción del

Estrés de la Clínica Médica de la Universidad de Massachusetts, donde la MBSR pasó a primer plano.

A medida que el concepto fue ganando adeptos, Kabat-Zinn publicó un libro muy popular titulado Full Living Catastrophe, que también desempeñó un papel importante a la hora de hacer que la práctica del mindfulness y la meditación fueran mucho más accesibles a los círculos mayoritarios. Inspirados por las innumerables aplicaciones seculares del mindfulness, los practicantes de todo el mundo han adoptado la práctica tanto en entornos especializados como en contextos cotidianos.

Entonces, ¿qué hemos tomado exactamente del budismo? Echemos un vistazo.

Una rápida mirada a la atención plena y al budismo:
La Insight Meditation Society, donde Kabat-Zinn ha estudiado y enseñado la práctica de mindfulness, describe tres propósitos de la meditación de mindfulness en su contexto budista.

1. Conocer la mente: Una de las enseñanzas de Buda es que, como humanos, creamos sufrimiento y problemas en nuestra propia mente. Se cree que nuestro sentido del "yo", o de quiénes somos, está muy influenciado por actividades como el egocentrismo, el apego y la discriminación.

. . .

Cuando practicamos la reflexión sin juzgar, podemos descubrir más sobre nuestras motivaciones, nuestros sentimientos y reacciones, ser más autoconscientes y, sobre todo, para fines de este libro, podrás descubrir más sobre tus pasiones. Es decir, podemos llegar a estar en sintonía con lo que estamos pensando, con un enfoque global en el "saber", en lugar de juzgar.

2. Entrenar la mente: Como probablemente habrás adivinado, esta conciencia forma parte de tener la poderosa capacidad de entrenar y dar forma a nuestra mente. (Sólo a modo de apunte, es posible que reconozcas aquí algunas fuertes similitudes con las actividades de reencuadre cognitivo dentro de la TCC de forma más general).

Cuando nos volvemos más "conocedores" de nuestros pensamientos, sentimientos y motivaciones, entre otras cosas, podemos explorar formas de ser "más amables, indulgentes y espaciosos con nosotros mismos", además de ser más libres de tomar decisiones y de conocernos más a profundidad.

Podemos fomentar la capacidad de estar más relajados a pesar de lo que ocurre a nuestro alrededor, cultivar el desarrollo de la generosidad, la virtud ética, el valor, el discernimiento y la capacidad de liberar el aferramiento.

. . .

3. Liberar la mente: Liberar la mente se basa en la "capacidad de soltar el aferramiento" que acabamos de mencionar.

El no juicio es una parte importante de la filosofía budista, y el tercer propósito es practicarlo contigo mismo. Nos desprendemos de los pensamientos y prácticas no beneficiosas a las que nos aferramos, como la ira, el juicio y otras "contaminaciones de visita". Esto nos ayuda a ver con claridad, a dejar pasar las emociones no deseadas y a permanecer relajados mientras nos abrimos a más de lo que es positivo.

Si esto suena como algo que te beneficiaría, puede que te interese saber que también hay beneficios empíricamente demostrados de la práctica del mindfulness.

7 beneficios según la psicología: La práctica del mindfulness se ha asociado a numerosos beneficios, y la popularidad del tema en la psicología positiva significa que probablemente veremos muchos más.

Los siguientes son sólo algunos ejemplos de lo que la psicología ha demostrado.

. . .

1. Mejora de la memoria de trabajo: Según un estudio realizado por Jha y sus colegas en 2010, la meditación del mindfulness se ha vinculado empíricamente con una mayor capacidad de memoria de trabajo. Comparando muestras de participantes militares que practicaron el entrenamiento de meditación de atención plena durante ocho semanas con los que no lo hicieron, Jha et al. (2010) encontraron pruebas que sugieren que el entrenamiento de mindfulness ayudó a "amortiguar" las pérdidas de capacidad de la memoria de trabajo.

Además, descubrieron que la capacidad de la memoria de trabajo también aumentaba cuando el primer grupo practicaba la meditación de mindfulness. Estos participantes también informaron de un mayor afecto positivo y un menor afecto negativo.

2.Mayor conciencia metacognitiva: En términos sencillos, esto describe la capacidad de separarse de los propios sentimientos y procesos mentales, de dar un paso atrás y percibirlos como sucesos transitorios y momentáneos, en lugar de "lo que somos". En el sentido budista, esto se relacionaría con el "conocimiento" y la "liberación" de la mente.

En cuanto a la psicología empírica, se describe cómo se ha hipotetizado que el mindfulness disminuye los patrones de conducta de pensamiento negativo, aumenta la conciencia metacognitiva y el descentramiento. A su vez, esto puede tener un efecto positivo para ayudar a evitar recaídas en la depresión.

. . .

3. Niveles más bajos de ansiedad: La MBSR ha sido exami-
nada en una gran cantidad de ensayos aleatorios y contro-
lados que encuentran apoyo a su impacto en el alivio de los
síntomas de ansiedad. Vøllestad y sus colegas, por ejemplo,
encontraron que los participantes que completaron la
MBSR tuvieron un impacto positivo de mediano a grande
en los síntomas de ansiedad.

También se han encontrado resultados similares en estudios
sobre el trastorno de ansiedad social (TAS).

Por ejemplo, el de Goldin y Gross (2010), quienes encon-
traron evidencia que sugiere que el entrenamiento MBSR
en pacientes con TAS ayudó a mejorar en los síntomas de
ansiedad y depresión, así como en la autoestima.

4. Reducción de la "reactividad" emocional: También
hay pruebas que apoyan el papel de la meditación de mind-
fulness en la "reactividad" emocional. En una tarea de inter-
ferencia emocional llevada a cabo por Ortner y sus colegas
en 2007, se pidió a los participantes con amplia experiencia
en meditación de mindfulness que clasificaran los tonos que
se daban 1 o 4 segundos después de que se presentara una
imagen neutra o emocionalmente molesta.

Aquellos con más experiencia en la práctica de la medita-
ción de mindfulness fueron más capaces de desvincularse

emocionalmente, lo que significa que mostraron una mayor concentración en la tarea en cuestión incluso cuando se mostraron imágenes emocionalmente perturbadoras.

5. Mejora del procesamiento de la atención visual: Otro estudio realizado por Hodgins y Adair (2010) comparó el rendimiento de "meditadores" y "no meditadores" en tareas de procesamiento de la atención visual.

Los que practicaron la meditación de mindfulness mostraron un mayor funcionamiento atencional a través de un mejor rendimiento en las pruebas de concentración, atención selectiva, y más.

Estos resultados se corresponden con hallazgos anteriores de que el entrenamiento sistemático de meditación de mindfulness estimula mejoras en la atención, la conciencia y la emoción.

6. Reducción del estrés: El entrenamiento de mindfulness también se ha relacionado con la reducción de los niveles de estrés. Un ejemplo de evidencia empírica proviene de Bränström et al. (2010), quienes encontraron que los pacientes con cáncer que participaron en el entrenamiento de mindfulness tuvieron una reducción significativa del estrés auto reportado que aquellos que no lo hicieron. También mostraron mayores estados mentales positivos y menos

síntomas de evitación postraumática, como la pérdida de interés en las actividades.

7. Control del dolor físico: También hay investigaciones que sugieren que el mindfulness puede tener un papel en la gestión del dolor subjetivo.

Esta lista no es en absoluto exhaustiva. De hecho, hay muchos más estudios sobre temas como la reducción de la angustia psicológica, el aumento de la concentración y muchas más aplicaciones de las ideas anteriores en entornos mucho más específicos. Pero esperamos que esto sea suficiente para empezar a ver cómo el mindfulness puede ayudarnos en nuestra vida diaria.

La importancia del mindfulness y cómo ayuda: Tanto si quieres practicar el mindfulness para lidiar con la ansiedad o el estrés, como si quieres mejorar tu capacidad de atención, hay muchas pruebas científicas a tu favor.

El mindfulness puede ayudarnos a lidiar con la depresión, aumentar nuestro bienestar psicológico, controlar el dolor físico e incluso tener mejor memoria.

Cuando se trata de la forma en que pensamos y sentimos, ser conscientes de nuestras emociones nos ayuda a cambiar a una mentalidad más positiva y a trabajar para ser una persona "mejor", o al menos, más feliz.

En cuanto a las relaciones, como veremos dentro de poco, tiene implicaciones positivas en la forma de comunicarnos y relacionarnos con quienes nos rodean.

Sin embargo, todos los estudios tienen algo en común.

Esto es, que para obtener los beneficios, deberás encontrar un método de práctica de mindfulness que te funcione.

A través de la práctica, ya sea una intervención o una meditación, podemos aprender a cultivar el estado mental que nos permite estar atentos cuando sentimos que más lo necesitamos. Si eliges hacer un curso online o descargarte guiones para ayudarte sobre la marcha, ya estás en el camino hacia tu objetivo.

No te preocupes. Un poco más adelante, nos pondremos un poco más específicos, dando algunos ejemplos de cómo el mindfulness puede desempeñar un importante papel de ayuda en tu vida diaria.

. . .

Cómo puede afectar el mindfulness a nuestra salud mental: El mindfulness puede ayudarnos a mejorar nuestro bienestar mental al menos de dos maneras. La terapia y las intervenciones basadas en el mindfulness adoptan un enfoque más estructurado para abordar los síntomas de la salud mental, mientras que los enfoques menos estructurados pueden encontrarse de muchas formas y abarcan toda una diversidad de temas diferentes. Veamos brevemente ambos.

Terapias e intervenciones basadas en la atención plena: Dado que la ansiedad y la depresión son dos de las enfermedades mentales más prevalentes en el mundo, no es de extrañar que dos de las intervenciones basadas en mindfulness más conocidas se centren en abordar estos estados mentales.

La Reducción del Estrés Basada en la Atención Plena (MBSR, por sus siglas en inglés), iniciada por el Dr. Kabat-Zinn en la Escuela de Reducción del Estrés de la UMass, es un enfoque grupal. Se centra en la idea de que puede utilizarse una gama flexible de prácticas de atención plena para ayudar a las personas a afrontar las dificultades del estrés y las enfermedades mentales relacionadas con la ansiedad. Por lo general, esto implica una combinación de yoga y/o meditación de atención plena, aprovechando diferentes técnicas para aliviar el estrés.

· · ·

La Terapia Cognitiva Basada en la Atención Plena (MBCT) es también un programa de grupo que se utiliza para ayudar a las personas con depresión recurrente a reducir sus síntomas y prevenir las recaídas. La MBCT incluye tanto la terapia cognitivo-conductual (TCC) como las prácticas de mindfulness, como la respiración consciente y la meditación. La aceptación es una parte central de la MBCT, ya que los participantes aprenden enfoques para reencuadrar, en lugar de eliminar, sus sentimientos.

Práctica diaria del mindfulness: Como es de esperar, muchos de los enfoques más informales para practicar la atención plena también incluyen la meditación y el yoga. También es fácil apuntarse a clases, retiros, programas y charlas, pero la forma más fácil de empezar de inmediato es probar ejercicios especiales que puedes hacer en casa.

¿Puede ayudar a mejorar nuestro bienestar?: Si los beneficios anteriores no son suficientes para convencerte, hay más formas en las que la práctica del mindfulness puede ayudarte a mejorar tu bienestar.

El mindfulness puede ayudarte a:

- Regular y expresar tus emocione
- Desarrollar y utilizar mejores estrategias de afrontamiento.

- Distraerse menos fácilmente en actividades no relacionadas con la tarea.
- Ayudar a dormir mejor.
- Practicar la autocompasión.
- Potencialmente, construir la resiliencia.

¿Puede ser perjudicial el mindfulness?: La práctica de mindfulness tiene algunas similitudes con la práctica de deportes. Adopta un enfoque responsable para cualquier práctica que elijas y, en la mayoría de los casos, estarás bien. Sin embargo, el aumento masivo del interés por el mindfulness ha provocado algunas investigaciones sobre sus posibles desventajas. Algunos de ellos son:

Formación de falsos recuerdos. La investigación de Wilson y sus colegas (2015) proporciona resultados que sugieren que la meditación de mindfulness puede hacer que las personas sean más susceptibles a los recuerdos falsos. Es decir, los participantes que practicaron la meditación de mindfulness en el estudio mostraron algunas deficiencias en su capacidad para monitorear la realidad.

Descartando mentalmente tanto los pensamientos positivos como los malos. Otro estudio descubrió que la práctica de mindfulness de "descartar los pensamientos negativos" puede llevarnos a descartar también los positivos y fortalecedores.

. . .

Cabe mencionar que este efecto era mucho más notable cuando los participantes escribían físicamente los pensamientos y luego los desechaban, en lugar de limitarse a imaginar el escenario.

Evitar los pensamientos difíciles. Algunos practicantes pueden utilizar el mindfulness para evitar tareas más exigentes desde el punto de vista cognitivo, eligiendo retirarse a un estado de mindfulness en lugar de comprometerse con un problema en cuestión (Brendel, 2015).

Síntomas físicos y psicológicos. Algunos estudios han encontrado casos en los que la meditación de mindfulness se ha relacionado con posibles reacciones adversas. Estas incluyen desrealización, despersonalización y, entre otras cosas, alucinaciones (Lustyk et al., 2009).

Si te preocupa alguno de estos hallazgos, puede que encuentres los documentos anteriores como una lectura interesante. En general, utiliza tu mejor criterio cuando pruebes cualquier técnica nueva con la que no estés familiarizado.

¿Es lo mismo que la conciencia o la concentración? Ya hemos visto varias definiciones de mindfulness, pero es natural preguntarse en qué se diferencia de la conciencia y la concentración en general.

. . .

Según Merriam Webster (2019), la conciencia se define como:

"Tener o mostrar realización, percepción o conocimiento".

Mientras que mindfulness implica conciencia en varios sentidos, también incluye el no juicio y es (en la mayoría de los casos, al menos) una actividad consciente. Ser consciente de que hay una manzana en la mesa, por ejemplo, no significa que estemos libres de juicios sobre ella.

La concentración, por otro lado, Merriam Webster la define como:

"El estado de estar concentrado", es decir, "La dirección de la atención a un solo objeto".

Inherente a esta última definición está la idea de un enfoque intenso en un estímulo, a menudo a expensas de otros. Si suprimimos otras cosas de nuestra atención, no estamos simplemente "dejándolas existir". No podemos estar relajados y aceptar las cosas como son si estamos ocupados suprimiendo nuestra atención en otras áreas.

· · ·

Lo que no es: Mindfulness vs Mindlessness: La diferencia entre mindlessness y mindfulness puede parecer obvia: en uno se presta atención y en el otro, quizás no tanto. Según Ellen Langer, que ha hecho importantes contribuciones al movimiento de mindfulness, mindfulness y mindlessness son, de hecho, conceptualmente distintos. Es decir, mindfulness describe: "...un estado de conciencia en el que el individuo es implícitamente consciente del contexto y el contenido de la información. Es un estado de apertura a la novedad en el que el individuo construye activamente categorías y distinciones".

Por otro lado, el mindlessness es: "...se caracteriza por un exceso de confianza en las categorías y distinciones trazadas en el pasado y en el que el individuo depende del contexto y, como tal, es ajeno a los aspectos novedosos (o simplemente alternativos) de la situación."

Langer describe el mindlessness como algo que suele estar tipificado por una falta (a veces completa) de conciencia, en la que el compromiso cognitivo se hace con la información que se ha recibido. Se presta muy poca atención al contexto cuando alguien está siendo "mindless", a menudo porque una pieza de información parece poco importante al principio, o se recibe como una instrucción.

3 ejemplos de habilidades de mindfulness en la vida cotidiana: Como prometimos, hemos reunido algunos ejemplos

concretos de habilidades de mindfulness en el día a día. Es posible que ya estés familiarizado con algunos de ellos, o que recurras a ellos en situaciones a las que te enfrentas con frecuencia.

1. Caminar de A a B: Basándonos en los consejos de mindfulness anteriores, hay formas en las que la conciencia y la reflexión sin juicios de valor pueden transformar las actividades más mundanas en una experiencia que hay que disfrutar. Mientras caminas hacia el trabajo o las tiendas, observa cada paso.

En lugar de dejar que tu mente se pierda en patrones o procesos de pensamiento, toma conciencia de lo que estás haciendo. Fíjate en cómo sientes cada paso, en cómo la brisa toca tu piel o despeina tu ropa. Si caminas junto a árboles o agua, escucha los sonidos y observa los colores. Experimenta todo ello con la atención puesta en el aquí y el ahora.

2. Al hablar con los demás: Utilicemos a Luis y a Juan como ejemplo de cómo la sintonización sin juicios de valor muestra la atención plena en el trabajo. Luis está descontento con Juan y trata de explicarle sus sentimientos. Aunque sus palabras salen un poco confusas y llenas de emoción, Juan puede intentar escuchar sin juzgar.

· · ·

Sin reaccionar emocionalmente, y prestando atención sin elaborar una respuesta en su mente. En su lugar, puede prestar atención a lo que Luis está diciendo y responder de una manera más compasiva y significativa. En lugar de discutir sin escuchar, esto les ayuda a ambos a llegar a un resultado más productivo a la vez que profundizan en su relación y construyen confianza.

3. Antes de un gran discurso: Hablar en público puede hacer que muchos de nosotros nos sintamos intimidados, y eso está bien. Si quieres practicar el mindfulness para ayudarte a lidiar con el estrés que sientes, empieza con una respiración suave. Busca un lugar tranquilo para tomarte un momento y centrarte en lo que sientes. En lugar de centrarte en los pensamientos negativos, intenta descentrarte, es decir, acepta y reconoce que así es como te sientes, pero que eso no es lo que eres.

Puedes mover tu conciencia hacia las sensaciones físicas que estás experimentando, concentrándose en cada parte de tu cuerpo mientras dejas que se relaje. Fíjate en lo que sientes cuando tus músculos se relajan y dejan de estar estresados.

10 consejos para practicar Mindfulness: Se dijo que había maneras de empezar de inmediato. Así que, ¡vamos a sumergirnos en algunos consejos! Esperemos que estos te ayuden a empezar a practicar mindfulness:

· · ·

1. Tómate unos momentos para ser consciente de tu respiración.

Tomar conciencia de cómo tu respiración fluye hacia dentro y hacia fuera, cómo tu barriga sube y baja con cada respiración que haces.

2. Toma nota de lo que sea que estés haciendo. Mientras estás sentado, comiendo o relajándote, ¿qué te dicen tus sentidos -no tus pensamientos-?

Observa el aquí y el ahora. Si estás estirando, por ejemplo, observa cómo se siente tu cuerpo con cada movimiento. Si estás comiendo, concéntrate en el sabor, el color y los detalles de la comida.

3. Si vas a algún sitio, céntrate en el aquí y el ahora.

En lugar de dejar que tu cerebro se pierda en los pensamientos, devuélvelos al acto físico de caminar. ¿Cómo te sientes?

Presta menos atención a dónde vas y más a lo que haces al pisar y a cómo sientes tus pies. Este es un buen ejercicio para probar en la arena o en la hierba.

. . .

4. No necesitas estar haciendo algo en cada momento. Está bien sólo... existir.

Simplemente existe y relájate. De nuevo, esto es sobre el aquí y el ahora.

5. Si notas que vuelves a pensar, céntrate una vez más en tu respiración.

Puedes volver a centrarte en cómo entra y sale la respiración de tu cuerpo, y si puedes sentir que tus músculos se relajan mientras lo haces, eso es aún mejor.

6. Comprende que tus procesos mentales son sólo pensamientos; no son necesariamente verdaderos, ni requieren que actúes.

El mindfulness consiste simplemente en ser, y en estar relajado aceptando las cosas que te rodean tal y como son. Esto también se aplica internamente: es parte de conocer tu mente.

. . .

7. Intenta escuchar de una manera totalmente libre de juicios.

Puedes notar que eres más consciente de tus propios sentimientos y pensamientos. No los juzgues, simplemente acéptalos.

8. Puede que te des cuenta de que ciertas actividades te hacen desconectar. Estas son grandes oportunidades para practicar una mayor conciencia. ¿Qué estás haciendo o experimentando?

Este es un ejemplo de cómo la práctica de mindfulness puede formar parte de tu día con flexibilidad. Puedes practicar mindfulness mientras conduces, caminas, nadas o incluso mientras te cepillas los dientes.

9. Tómate un tiempo para disfrutar de la naturaleza.

Un entorno relajante puede ayudarte a sintonizar con mayor facilidad. Además, estar en la naturaleza tiene muchos beneficios propios para el bienestar.

. . .

10. Permítase notar cuando su mente se desvía hacia el juicio. Recuerda que esto es natural y no tiene por qué formar parte de tu "yo".

Parte de la práctica de mindfulness significa liberar tu mente de prácticas como el juicio. Con el tiempo y la práctica te resultará más fácil.

11 formas en las que el mindfulness puede empoderarnos: Si te estás preguntando de qué manera el mindfulness puede potenciarnos, ¡recapitulemos!

El mindfulness puede ayudarnos a gestionar nuestras emociones y sentimientos en situaciones de estrés.

A través de la práctica, podemos aprender a descentrarnos de las "formas de ser" negativas y liberar nuestra mente.

La práctica del mindfulness nos permite dar un paso atrás y aceptar nuestros propios procesos mentales sin juzgarlos.

Puede ayudarnos a hacer frente a los sentimientos de ansiedad, e incluso a la depresión.

La práctica de mindfulness en la vida cotidiana puede

llevarnos a saborear realmente las experiencias con nuevas perspectivas.

La práctica de mindfulness en las relaciones puede ayudarnos a escuchar mejor, a apreciar más a los demás y a llevarnos bien en el trabajo.

Las investigaciones sugieren que el mindfulness nos ayuda en los procesos atencionales.

Incluso podemos ser capaces de manejar el dolor físico utilizando mindfulness.

La práctica de mindfulness nos ayuda a no reaccionar instantáneamente con la emoción.

Podemos ser más conscientes de cómo practicamos la autocompasión.

El mindfulness puede ayudarnos en nuestros intentos de desarrollar la resiliencia.

Lo que hemos aprendido:

· · ·

El mindfulness es una práctica y filosofía que se remonta al budismo y a las filosofías orientales.

El mindfulness es una herramienta fundamental a la hora de autoconocernos.

También, el mindfulness nos resulta utilísimo a la hora de tomar decisiones.

La disciplina del mindfulness, más que ser algo teórico, es algo que necesariamente se tiene que llevar a la práctica.

El mindfulness suspende todos nuestros juicios y nos permite sentir de manera más pura el mundo, nuestros sentires, a los demás.

En el próximo capítulo, hablaremos de cómo combinar tus intereses y las cosas que se te dan bien en una carrera apasionada.

8

Cómo transformar tu pasión en una carrera

Sɪ ʏᴀ ʜᴀʏ algo que te apasiona en tu vida y que te llena el corazón de alegría, emoción e ilusión, ¿por qué no convertirlo en una carrera? Merecerá la pena la parte de miedo que supone hacer un cambio significativo en tu vida para comprometerte a hacer realidad tus sueños. El truco está en combinar lo que se te da bien con tus intereses y aficiones y, basándote en tu tipo de personalidad, averiguar cómo puedes convertirlos en una carrera. Lo primero que debes recordar siempre es que no debes centrarte en lo mucho o lo poco que te pagan. Al fin y al cabo, no se puede poner precio a hacer lo que te gusta.

Volvamos al ejemplo de Jorge. Para él, lo que le apasiona es el placer que le produce ayudar a la gente.

Es esta pasión la que le ha permitido crear una carrera satisfactoria que ha abarcado muchos tipos de trabajos diferentes. Pasó de estar atrapado detrás de un escritorio en un trabajo insatisfactorio sin salida a convertirse en un entrenador personal, un padre, un empresario y un pionero del marketing digital. Su trabajo le ha llevado por todo el mundo, pero desde que dejó su trabajo de oficina el único momento en el que se sintió como un trabajo fue cuando perdió el rumbo y se centró únicamente en ganar dinero. Así es como se presenta la importancia de tener pasión e inyectar tu pasión en lo que haces. Ahora vas a aprender cómo fusionar tu pasión con tu carrera.

¿Qué significa la palabra "carrera"? Para muchas personas, la carrera significa la parte de la vida que tiene que ver con el empleo. Desde el punto de vista profesional, significa la suma total de los distintos empleos que se pueden tener a lo largo de la vida. Sin embargo, estas definiciones no captan totalmente el significado de la carrera.

Nos gustaría que pensaras en la carrera de una manera más amplia, que abarque toda la vida. Piensa en las decisiones que tomas sobre un trabajo o una carrera universitaria como componentes valiosos de un proceso que dura toda la vida. Cuando se ve de esta manera, la carrera puede definirse como la suma total de decisiones que dirigen tus esfuerzos educativos, sociales, económicos, políticos y espirituales y reflejan tus características de personalidad únicas y tus valores vitales básicos.

¿Qué es la toma de decisiones en la carrera? La mejor manera de entender la toma de decisiones es definir primero el término decisión. Una decisión puede definirse como el acto de elegir. Una decisión, sea o no consciente de ello, es una respuesta a una pregunta, una preocupación o un problema. Las decisiones profesionales adecuadas pueden definirse además como el proceso permanente de hacer elecciones que complementan tus atributos personales y te ayudan a realizar tus valores vitales básicos. De hecho, una decisión profesional debe tomarse con mucho cuidado, ya que influirá significativamente en su dirección, satisfacción personal y realización en la vida.

¿El desarrollo de la carrera es diferente para un adulto mayor que para una persona más joven? Aunque los fundamentos del desarrollo profesional (autoevaluación, toma de decisiones, conciencia ocupacional, exploración y puesta en práctica) son los mismos independientemente de la edad, las variaciones en la madurez y las experiencias vitales requieren enfoques diferentes. Algunos especialistas en carreras profesionales creen que la mayoría de los adultos, al igual que los niños y los jóvenes, pasan por una serie de etapas de desarrollo. En consecuencia, tienen en cuenta la etapa de la vida de una persona antes de seleccionar una estrategia de asesoramiento.

¿Qué es el éxito profesional? El éxito profesional depende realmente de cada persona. Para algunos, el éxito profesional se mide por la acumulación financiera y material. Otros basan el éxito profesional en el reconocimiento y la popularidad. Otros creen que el verdadero éxito profesional sólo se consigue ayudando a los demás o haciendo una contribución a la sociedad.

El éxito profesional puede llegar cuando se logra la satisfacción interior a través de la realización continua de lo siguiente:

Tus valores vitales más profundos y apreciados en cada una de las tareas principales (es decir, el hogar, el trabajo, la escuela y el ocio).

Tu oportunidad e inspiración para utilizar y desarrollar las habilidades actuales y deseadas.

Su entusiasmo por los logros pasados, actuales y futuros.

Cómo convertir tus pasiones en una carrera. Antes de que puedas convertir tus intereses en una elección de carrera apasionada, vas a tener que hacer algunas cosas primero. El primer paso es pensar en tu pasión de la manera correcta. Si piensas constantemente: "Es demasiado difícil" o "No sé si puedo hacer esto", no vas a llegar a ninguna parte.

En cambio, piensa para ti mismo: "Lo tengo" y "puedo hacer todo lo que me proponga". Al cambiar tu estado de ánimo, se establece un estado positivo y de bienestar, y estarás más preparado para cumplir tus objetivos.

El siguiente paso para considerar es no tener miedo. Seguro que ahora mismo tus nervios están a flor de piel y puede que te vuelvas loco ante la idea de hacer cambios en tu vida. Puede que te estés preparando para entrar en el trabajo que haces todos los días y presentar tu dimisión y dar tu preaviso de dos semanas.

No es raro ni vergonzoso admitir que te has acobardado en el último momento y te has detenido. Pues bien, la próxima vez no te detengas. Adelante, hazlo.

Recuérdate a ti mismo que este es tu momento, este es tu momento en la vida para ir tras lo que quieres, lo que mereces y lo que te va a hacer feliz.

Mira bien los siguientes pasos sobre cómo convertir tu pasión en una carrera:

1- Descubre tu pasión: Descubrir tu pasión es la parte fácil, aunque no lo creas. Al leer este libro, cada capítulo te ha acercado más y más a este punto, así que toma esta información y ponla en práctica ahora. ¿Sabe que hay una gran diferencia entre tu pasión y un hobby? Un hobby es algo que se te da bien y que haces en tu tiempo libre para pasar el rato. Un deseo es algo que no puedes vivir sin hacer mientras te hace feliz.

2- Determina la demanda: Una vez que hayas encontrado tu pasión, ahora es el momento de buscar un campo en el que esté tu pasión. El número de competidores no debería ser nunca un factor decisivo a la hora de elegir el área en la que se va a trabajar. El mundo es un lugar competitivo, especialmente cuando hay tantos otros que tienen el mismo interés o pasión que tú. El objetivo es estar seguro de que eres y puedes ser el mejor de todos.

3- Haz una investigación: Ahora que conoces tu pasión y el campo en el que quieres sumergirte, es el momento de investigar cómo llegar a él. Algunas carreras quieren personas motivadas y centradas, mientras que otras buscan lanzadores creativos.

Algunos jefes buscan contratar a alguien con un certificado específico, mientras que otros sólo buscan trabajadores con experiencia.

4- Haz un plan: Bien, ya tienes tu investigación y has tomado notas. Ahora dibuja un mapa sobre cómo llegar a donde tienes que estar. Incluye cosas como lo que tienes que hacer y cómo vas a llegar allí. No dejes que nada se interponga en tu camino, haz un plan B, en caso de que tu plan A no funcione.

5- Prepárate: Si quieres que un empleador te tome en serio, tendrás que cumplir con todas las credenciales que te pidan en esa línea de trabajo. Pónte en el lugar de un empresario que esté mirando tu currículum. Pregúntate si tú contratarías a esta persona. Si no, ¿por qué no? Si la respuesta es afirmativa, ¿qué hay en este currículum que no te lo pensarías dos veces a la hora de darle el trabajo? ¿Ves a dónde llega este razonamiento?

Lo que hemos aprendido:

Es posible hacer lo que te gusta para vivir.

No te detengas cuando te pongas nervioso o ansioso por hacer grandes cambios en tu vida. Sigue adelante y supera tus preocupaciones. Sí, hacer cambios puede ser desalentador, pero también debería ser emocionante.

Recuerda la diferencia entre una pasión y una afición. Una afición es lo que haces en tu tiempo libre. Una pasión es algo de lo que no puedes prescindir.

. . .

Confía en tus propias habilidades cuando se trata de tus pasiones. Un mercado saturado no debería impedirte seguir tu pasión como carrera, pero sé consciente de la demanda que existe para tus habilidades.

Investiga qué necesitas y qué tienes que hacer para tener éxito en tu campo. ¿Necesitas un certificado? ¿Necesitas más formación?

Con la investigación en la mano, elabora un plan sobre cómo vas a conseguir tu objetivo.

Si quieres que los empresarios te tomen en serio, es conveniente que sigas todos los pasos necesarios para parecer lo más profesional posible.

Preguntas para hacer a ti mismo:

- ¿Qué harías si no tuvieras limitaciones?
- ¿Qué es lo que he querido hacer, pero no lo he hecho por miedo?
- ¿Qué pequeños pasos puedo dar ahora mismo para convertir mi pasión en una profesión?
- ¿Cuáles son los diferentes campos que rodean mi pasión?
- ¿Qué campo me interesa?
- ¿En qué seré bueno?

- ¿Qué habilidad de esta carrera que me apasiona se me daría naturalmente?

En el próximo capítulo, aprenderemos cómo nuestros miedos nos impiden avanzar. Se te enseñará cómo superar estos miedos para que puedas tener éxito haciendo lo que te gusta.

9

Enfrentándote a tus miedos

EL MIEDO se nos inculca de forma natural. Nos ayuda con nuestras creencias instintivas y puede impedir que hagamos cosas perjudiciales. El miedo es algo que tenemos para compensar la falta de conocimiento. Por ejemplo, debes saber que no debes poner la mano sobre un quemador al rojo vivo para evitar una quemadura de tercer grado. Esto es miedo. Este miedo es aceptable y lo necesitamos para sobrevivir. Es cuando el miedo se apodera de nosotros cuando se convierte en un problema.

Cuando el miedo se apodera de nosotros, nos impide hacer algo positivo para nosotros mismos.

Por ejemplo, cuando tienes que hacer una presentación, pero te da miedo hablar en público, así que lo pospones y lo dejas para más adelante y obtienes una mala calificación en el trabajo. Digamos que quieres irte de vacaciones, pero tu miedo a volar es tan abrumador que lo pospones y sacrificas tu lado aventurero porque te rindes al miedo a volar.

Hacer algo nuevo siempre va a provocar aprensión y miedo, pero tienes que superarlo si quieres hacer cambios significativos en tu vida. Recuerda que nadie dijo que este proceso fuera fácil. Si perseguir tus pasiones fuera fácil, todo el mundo lo estaría haciendo. La mayoría de las personas que conoces deciden no perseguir sus pasiones porque es mucho más fácil quedarse con el trabajo aburrido que han tenido durante años. Saben lo que hacen y no hay riesgo alguno. Como humanos, tenemos miedo a los cambios y a los riesgos, pero también nos sentimos atraídos por ellos, así que vive la vida al máximo, ¡y ve a por ello!

Acciones para dejar ir el miedo: El miedo funciona de dos maneras: puede retenerte o impulsarte. Aquí tienes tres formas de superar el miedo y hacer lo que te gusta.

1- Haz menos. Sé más: Algo que debes preguntarte es que si sólo tuvieras 24 horas de vida, ¿qué harías con tu tiempo? ¿Y cómo estarías en los minutos que te quedan? ¿Por qué esperar a estar en el lecho de muerte para responder a estas preguntas? Respóndelas ahora y márcate objetivos que cumplir antes de llegar al final de tu vida.

2- Planea menos. Vive más: Estoy felizmente casado y he viajado a más de treinta países de todo el mundo. No lo planeé, simplemente ocurrió. No esperaba ser un empresario de éxito. Simplemente di los pasos necesarios para conseguirlo. Esto es un ejemplo. Cuando planeas, los planes pueden fallar. Cuando vives, vives el momento tomando los desafíos como vienen. No dejes que el miedo te impida vivir.

3- Retén menos. Crea más. Muchas veces nos encontramos intentando controlar lo incontrolable. Cuando aprendemos a dejar ir lo que no se puede arreglar o controlar, aprendemos a ser más creativos con las cosas que podemos controlar. Tener este estado mental aleja nuestros pensamientos temerosos y nos ayuda a darnos cuenta de quiénes estamos destinados a ser.

Sin juicios ni etiquetas. Simplemente aprende a afrontar las cosas como vienen.

Formas de afrontar tus miedos: El miedo a menudo te frena. Es hora de salir de ese estado mental y luchar contra él. Aquí tienes algunas formas de enfrentarte a tus miedos y disfrutar de la vida asumiendo más riesgos.

1. Sé consciente del miedo al que te enfrentas. No tienes que enfrentarte a todas tus preocupaciones a la vez. Ahora mismo, intenta centrarte en el miedo que te impide vivir tu pasión. Siéntate a solas contigo mismo y piensa realmente qué miedos te impiden vivir una vida plena. Escribe una lista con los pros y los contras de esos miedos. A continuación, piensa en cómo podría ser tu vida si te enfrentaras a ellos.

. . .

2. Pregúntate sobre los riesgos. Es bueno tener en cuenta que sólo porque algo parezca aterrador, no significa que lo sea. Investiga sobre tus mayores temores. Cuanto más sepas sobre algo, menos miedo te dará.

3. Terapia de exposición. Para superar un determinado miedo, debes estar dispuesto a enfrentarte a él poco a poco. Por ejemplo, si te da miedo hablar en público, ponte primero delante de un espejo y habla contigo mismo durante unos minutos. A continuación, practica delante de alguien y luego de unos pocos a la vez y finalmente en público ante un par de personas y así sucesivamente. Con el tiempo, descubrirás que tus miedos ya no pueden controlarte. Si te da miedo hablar con la gente, poco a poco abre tu círculo social y empieza a empatizar con nuevas personas. Después de un tiempo de hacer esto conscientemente dominarás el arte de la charla y podrás hablar con cualquier persona.

Prueba para acudir a un terapeuta: Si tus miedos son debilitantes, no tienes mucho éxito a la hora de enfrentarte a ellos por tu cuenta, o tu miedo puede estar relacionado con una condición de salud específica, como un trastorno alimentario, un trastorno de ansiedad social o un TEPT, puedes buscar la ayuda de un profesional de la salud mental de confianza. Si tienes una fobia específica, que es un trastorno de ansiedad persistente y diagnosticable, puede que no te sientas preparado para vencer tus miedos por ti mismo.

Un terapeuta cognitivo-conductual puede ayudar a desensibilizarte de tus miedos paso a paso. La mayoría de los profesionales de la salud mental se sienten cómodos tratando una variedad de miedos y fobias que van desde el miedo a hablar en público hasta la aracnofobia.

El tratamiento puede consistir en hablar de lo que te asusta, practicar estrategias de relajación y controlar tu ansiedad mientras te enfrentas a tus miedos. Un terapeuta puede ayudarle a ir a un ritmo que le resulte cómodo y saludable.

El tratamiento para afrontar los miedos puede incluir:

Terapia de exposición (terapia de inmersión): El principio subyacente de la terapia de exposición es que, a través de la práctica y la experiencia, te sentirás más cómodo en situaciones que de otro modo evitarías.

Teoría psicoanalítica: El psicoanálisis pretende curar el miedo o la fobia desenterrando y resolviendo el conflicto original.

Terapia de aceptación y compromiso (ACT): La terapia de aceptación y compromiso consiste en aceptar los miedos para que sean menos amenazantes y tengan menos impacto en la vida.

. . .

Por qué puede ser peor evitar los miedos: Aunque evitar las situaciones que temes puede hacerte sentir mejor a corto plazo, la evitación puede provocar un aumento de la ansiedad a largo plazo. Cuando evitas completamente tus miedos, le enseñas a tu amígdala (el centro del miedo en tu cerebro) que no puedes manejarlos.

Por el contrario, enfrentarse gradualmente a tus miedos, en pequeñas dosis que no te abrumen, puede ayudar a disminuir la ansiedad "habituando" a tu amígdala, o dejando que tu cerebro se acostumbre al miedo.

Según un estudio con animales publicado en la revista Science, el cerebro tiene que experimentar una exposición repetida al miedo para superarlo.

Los investigadores colocaron a los roedores en una pequeña caja y les dieron una leve descarga. Luego, durante un largo periodo, colocaron a los mismos roedores en una caja sin administrarles descargas. Al principio, los ratones se quedaban paralizados, pero con la exposición repetida eran capaces de relajarse. Aunque la investigación con animales no es directamente aplicable a los seres humanos, la idea que subyace al hecho de enfrentarse a los miedos pretende conseguir un resultado similar.

. . .

¿Debes enfrentarte a tus miedos? No es necesario vencer todos los miedos que se tienen. El miedo a los tsunamis puede no ser perjudicial para tu vida cotidiana si vives a 1.000 millas del océano. Pero puede ser un problema si vives en la costa y entras en pánico cada vez que oyes hablar de terremotos, tormentas o mareas altas porque crees que puedes estar en peligro, o evitas ir a unas vacaciones que de otro modo disfrutarás en un esfuerzo por evitar acercarte a aguas abiertas.

Mantén una conversación interna contigo mismo sobre lo que tus miedos te impiden hacer, y considera si es un problema que debes afrontar.

¿Están tus miedos provocando que lleves una vida menos satisfactoria que la que esperabas?

Considera los pros y los contras de no enfrentarte a tu miedo. Escríbelos. A continuación, identifica los pros y los contras de enfrentarte a tus miedos. Escribe lo que podrías conseguir o cómo podría ser tu vida si superas tu miedo.

La lectura de esas listas puede ayudarte a tomar una decisión más clara sobre qué hacer a continuación.

Miedo frente a fobia: A la hora de determinar si debes enfrentarte a tu miedo por ti mismo, es importante entender la distinción entre un miedo normal y una fobia. Cuando los psicólogos distinguen entre miedos y fobias, la diferencia clave es la fuerza de la respuesta de miedo y su impacto en la vida de la persona. Tanto los miedos como las fobias generan una respuesta emocional, pero una fobia provoca una ansiedad desproporcionada con respecto a la amenaza percibida, hasta el punto de interferir en la capacidad de funcionamiento de la persona.

Por ejemplo, mientras que el miedo a volar puede provocar ansiedad ante un próximo viaje o hacer que consideres un medio de transporte alternativo, si tienes aerofobia (una fobia específica a volar), su fobia puede afectar a su vida diaria.

Es posible que pases una cantidad excesiva de tiempo preocupándote por volar (incluso cuando el viaje no es inminente) y evitando los aeropuertos. Puedes ponerte ansioso cuando los aviones pasan por encima. Es posible que no puedas embarcar en un vuelo. Si subes a un avión, es probable que experimentes una respuesta fisiológica grave como sudoración, temblores o llanto. Aunque el tratamiento de la fobia puede incluir perfectamente un elemento de enfrentamiento al miedo en forma de terapia guiada, también puede incluir medicación o terapias alternativas.

La mejor manera de vencer un miedo es enfrentarse a él de frente, pero es importante hacerlo de una manera saludable que te ayude a superar el miedo y no de una manera que te traumatice.

. . .

Si tienes dificultades por tu cuenta, un profesional de la salud mental puede guiarte gradualmente a través de las situaciones que temes, asegurándose de trabajar primero en los patrones de pensamiento que te mantienen atascado.

Lo que hemos aprendido:

El miedo puede impedirnos hacer cosas que podrían ser perjudiciales para nosotros, pero no debemos dejar que reduzca a la mitad nuestro progreso.

Haz una lista de todas las cosas que harías si sólo te quedaran otras 24 horas de vida. Utiliza esta tarea como impulso para ponerte a hacer las cosas que te dan miedo.

Es bueno hacer planes, pero hay un punto en el que puede haber demasiada planificación. No planifiques en exceso a costa de hacer las cosas de verdad.

No te preocupes por las cosas que no puedes controlar, trabaja en conseguir las cosas que están a tu alcance.

Si estás preocupado y tienes miedo, intenta determinar qué es lo que te hace sentir así.

. . .

Por supuesto, la respuesta fácil es "riesgo" o "cambio", pero profundiza. ¿Qué hay en el riesgo o en el cambio que te produce ansiedad? Cuanto más entiendas tus miedos, más podrás racionalizarlos y controlarlos.

Enfréntate a tus miedos, aunque sea poco a poco, para acostumbrarte a ellos. Cuanto más lo hagas, menos te asustarán las cosas.

Preguntas para hacerte a ti mismo:

- ¿Qué es lo que deseo en secreto pero siento que no puedo tener o lograr? ¿Por qué?
- Si no tuviera miedo de conseguirlo, o si lo tuviera, ¿qué haría con él?
- Si dieras pasos ahora mismo, ¿dónde estarías dentro de cinco años?
- Si no doy pasos para enfrentarme a mis miedos, ¿dónde estaré dentro de cinco años?
- Si supiera que no hay posibilidad de fracasar, ¿cuál es el siguiente paso que daría?
- Si tuviera la completa seguridad de que voy a tener éxito, ¿qué pasos daría?

Ahora que hemos aprendido a vencer y enfrentarnos a nuestros miedos, podemos explorar cosas nuevas y sumergirnos en ellas. Probar cosas nuevas es arriesgado y vale la pena cada minuto de la experiencia. Adelante, sigue leyendo para saber más.

10

Prueba nuevas cosas

AHORA QUE HEMOS APRENDIDO sobre el miedo, es fácil afirmar el hecho de que tal vez has dejado que el miedo te frene porque tenías miedo a lo desconocido. Cuando probamos algo nuevo, aprendemos cosas nuevas sobre nosotros mismos. Cuando dejas de lado el miedo a probar algo nuevo, puede que descubras que te encanta y la prisa que te da.

Piensa en cosas que hayas querido probar antes, o en cosas que nunca hayas hecho. Piensa que es como ir de compras con tus amigos. A veces, tus amigos eligen algo que no te gusta, luego te convencen para que te lo pruebes y resulta que te encanta. ¿Has estado alguna vez en esta situación? La vida también puede ser así.

Veamos el ejemplo de la vida de Fernando. Cuando él se embarcó en una nueva aventura en el marketing digital, era un sector que estaba empezando. Tenía mucho que aprender, pero era emocionante y podía ver el potencial. Sí,

Fernando tenía miedo de empezar algo nuevo, pero tenía la sensación de que una vez que empezara y conociera los entresijos del marketing digital, resultaría una empresa muy satisfactoria. Había mucha información que tenía que absorber, mucha de ella cambiaba semanalmente porque así es el rápido mundo del marketing digital. Lo que Fernando sabía era que creía en su pasión y eso le llevaría a través de los momentos difíciles de duda sobre este nuevo proyecto. Al final, después de muchas luchas y esperanzas, Fernando tuvo éxito.

Lo importante era que había dado el paso de probar algo nuevo.

Seis cosas que debes de probar al menos una vez: Ya sea algo extremo, como el paracaidismo, o algo sencillo, como probar un nuevo té, hazlo. Deja de lado el miedo y sumérgete en él. Aquí tienes una lista de 6 cosas nuevas que debes probar, y por qué.

1- Prueba un nuevo deporte: Ya sea yoga, correr, fútbol, voleibol o incluso hockey, probar un nuevo deporte puede enseñarte a programar tu tiempo en torno a tu vida para hacer algo por ti. Aprender un nuevo deporte te supondrá un reto. Es divertido, es bueno para tu cerebro y, lo mejor de todo, no da miedo, así que es un buen comienzo. Hacer algo activo puede sacarte de tu tenso y ajetreado estilo de vida y hacerte sentir mejor contigo mismo. Sin saberlo, tu pasión podría ser la bicicleta de montaña o el tiro con arco. El subidón de adrenalina que sientes al hacer deporte puede permitirte ver una perspectiva diferente del mundo que te rodea.

2- Adopta un nuevo hobbie: Cuando adoptes un nuevo hobbie, no tiene por qué ser algo activo. Puede ser algo como tejer, coleccionar monedas o enseñar. Los pasatiempos son una salida social que te introduce en un mundo de actividades de grupo como el golf, la escritura creativa o los grupos de lectura. Ser social con los demás te permite aliviar el estrés de forma natural y estar más sano. Cuando haces algo que te gusta, te sientes satisfecho. Los estudios demuestran que llevar una vida satisfactoria ayuda a vivir más tiempo. Así que adelante, elige una nueva afición y sal al mundo.

3- Sal de tu zona de confort. Sé lo que debes estar pensando: "salir de mi zona de confort es cambiar, y el cambio da miedo y es imprevisible". No te preocupes, salir de tu zona de confort no da tanto miedo como parece. Si no te gustan las multitudes, haz lo imposible e impensable y canta en un karaoke una noche. Ve a un club y súbete al escenario. Ve a la playa y báñate desnudo por la noche. Habla con un desconocido, ayuda a los sintecho o deja que uno de tus amigos te apunte a algo que le guste pero que tú creas que no. Una idea: acude a una cita a ciegas. Sea lo que sea, sal de tu zona de confort. Haciendo esto, te aseguro que no hay mejor manera de conocerte a ti mismo. Puede que descubras que te gusta algo que no creías posible.

· · ·

4- Viaja. Adelante, planea un viaje y viaja a algún lugar. Se puede decir, por muchas experiencias personales, que es estimulante, lleno de acontecimientos, y puedes aprender mucho de diferentes culturas. Viajar fuera de tu ciudad es una experiencia desafiante y gratificante. Te ayudará a crecer y te hará adquirir diferentes perspectivas. Estar en otra ciudad o pueblo puede hacerte apreciar la vida que ya tienes, e incluso puede que conozcas a algunas personas por el camino. Es una gran manera de escapar, y es divertido explorar las diferentes maravillas del mundo.

5. Haz voluntariado. El trabajo voluntario es bueno para tu salud y tu alma. Ayudar a los demás da un impulso natural a nuestro corazón. Es una de esas cosas que, o bien te encanta, o bien te da pavor. Cuando hagas voluntariado, conocerás a muchos tipos de personas con estilos de vida muy diferentes a los tuyos, lo que abrirá tu mente a las muchas posibilidades de tu lado apasionado. Es estupendo para ponerlo en el currículum, y obtienes la experiencia del mundo real. El voluntariado ayuda al mundo, y te hace sentir que eres tú quien marca una diferencia positiva. Ayudar a la comunidad y defender una causa en la que crees te hará sentirte bien contigo mismo. Así que anímate y pruébalo.

6- Aprende algo nuevo. Después de probar al menos una o varias de estas cosas, habrás aprendido algo nuevo. Ya sea sobre ti mismo, sobre el mundo o sobre cualquier otra cosa, es una sensación de logro y orgullo.

. . .

Al aprender algo nuevo, como un nuevo idioma o aprender a tocar un nuevo instrumento, los estudios han demostrado que la velocidad de aprendizaje aumenta y disminuye las posibilidades de desarrollar demencia. Si te interesa saber más sobre cómo aprender algo realmente rápido.

Lo que hemos aprendido:

Puedes aprender más sobre ti mismo simplemente probando cosas nuevas.

Puede resultar muy gratificante hacer algo nuevo.

Los hobbies invitan a entablar nuevas relaciones y una vida social sana puede ayudarte a aliviar el estrés y ser más feliz.

Hay muchas maneras de superar los límites de tu zona de confort y probar cosas nuevas.

Prueba un nuevo deporte, viaja a un nuevo país para tus vacaciones en lugar del lugar habitual.

. . .

El voluntariado no sólo ayuda a otras personas, sino que también te ayuda a conocer gente nueva y a adquirir nuevas habilidades.

Toma la iniciativa de aprender algo nuevo. Esto no sólo te ayudará a descubrir cuáles son tus pasiones, sino que te ayudará a vencer tu miedo a hacer cosas nuevas.

Cuanto más salgas de tu zona de confort, más logros alcanzarás en tu vida.

Preguntas para hacerte a ti mismo:

- Un nuevo deporte que puedo probar sería...
- Un nuevo hobbie que me gustaría adoptar ahora es...
- ¿Qué puedo hacer este fin de semana que esté fuera de mi zona de confort?
- Un lugar al que me gustaría viajar es…
- Un pequeño paso que puedo dar ahora para encontrar oportunidades de voluntariado es...
- Lo que siempre he querido aprender es...

Así que has encontrado tu verdadera pasión, ¿y ahora qué? Hay muchas cosas que todavía puedes hacer en este momento. Veamos el siguiente capítulo.

11

Has encontrado tu pasión, ¿ahora qué?

Así PUES, has completado los pasos de este libro. Ahora te estás preguntando qué es lo siguiente. Has encontrado tus intereses, sabes en qué eres bueno, has investigado y hecho tus deberes, y ahora eres más consciente y estás listo para sumergirte. Pero, ¿cómo? ¿Por dónde empezar? Bueno, primero DEBES estar seguro de que has encontrado tu pasión, y luego se trata de sacar tiempo y encajar tu pasión en tu apretada agenda.

Sí, será difícil al principio, sobre todo porque tendrás este conflicto interno. Cuando tienes otras cosas que hacer, como tu aburrido trabajo diario, puede ser difícil separarte de tu pasión.

Al principio será difícil compaginar tu tiempo, sobre todo cuando pases de una cosa a otra, o tomes medidas para hacerlo. Tendrás que asegurarte de cumplir con tus obligaciones para no perder tu trabajo y seguir teniendo tus ingresos fijos. Sin embargo, no te olvides de lo que realmente quieres hacer. Mantén tu pasión y aviva las brasas para no caer en la tentación de olvidarte de tu pasión y centrarte únicamente en ganar dinero. Sí, el dinero es importante, pero también lo es tu pasión, y esa es la razón por la que estás leyendo este libro.

¿Cómo sabes que has encontrado tu pasión? Tanto si buscas activamente cómo encontrar tu pasión siguiendo los pasos de este libro, como si te topas con ella por curiosidad, encontrar tu pasión es muy beneficioso.

Algunos encuentran su pasión a través de la investigación, tomando clases y viajando. Una vez que encuentres tu pasión, no podrás ser más feliz. Por supuesto, a veces la vida te lanza bolas curvas y te estresas, pero déjame decirte cómo sabes que has encontrado tu pasión.

1- Retroalimentación positiva: Cuando eras más joven y te gustaba algo que a todo el mundo le gustaba, pero eras el único que lo llevaba a cabo después, encontraste tu pasión. Siempre es edificante cuando alguien te lo dice y eres bueno en lo que sea que estabas haciendo. Así que presta atención a la retroalimentación positiva de cuando alguien te dice, que estabas destinado a hacer esto.

. . .

2- Cuando estás en tu elemento, lo que estás destinado a hacer te resultará fácil. Es tu don, has nacido para hacer esta actividad. Cuando notes que otras personas no pueden hacer esto con tanta facilidad como tú, esto es una señal segura de que has encontrado tu don.

3- Estás obsesionado por saber más. Cuando encuentras tu pasión, te esfuerzas continuamente por aprender más. Ya no te limitas a investigar. Sacas de la biblioteca libros relacionados con tu pasión. Te desvives por recopilar más y más información. Puede que incluso te encuentres soñando con ello.

4- El tiempo no existe. Cuando practicas tu pasión, el tiempo parece no existir. Estás tan atrapado practicando y haciendo lo que te gusta que apenas te das cuenta de que han pasado tres horas.

5. Eres resiliente. Mientras practicas tus intereses apasionados, te darás cuenta de que fracasas mucho. Pero a diferencia de otros trabajos o intereses que has tenido, te vuelves a levantar y lo intentas de nuevo. Todo lo que hay dentro de ti grita para aprender y hacer más. Quieres dominarlo y convertirte en un profesional en cada tarea que tenga que ver con tu pasión.

. . .

Cómo gestionar el tiempo para tu pasión: Ahora que sabemos con certeza que has encontrado tu pasión, es el momento de construir un horario en torno a tu vida para hacer de tu pasión algo cotidiano.

1- Planificar eficazmente. Si tienes una esposa/marido, y los niños y tu vida laboral se llevan toda tu energía, lo primero que debes hacer es echar un vistazo a tu agenda.

Cada dos horas, anota lo que estás haciendo en ese momento. La razón de esto es que puedes ver cuánto tiempo del día tienes. Por ejemplo, si alguna vez acabas de revisar tus redes sociales en busca de mensajes, y luego te encuentras treinta minutos después navegando por la web, este es tu tiempo de inactividad.

2- Aprende la palabra "no". Cuando dices continuamente "sí", estás añadiendo a tu apretada agenda. Cuando aprendes a decir "no", puedes liberar parte de tu tiempo y tener más tiempo para vivir tu pasión. Cuando revises tu agenda y tus citas, averigua qué es lo que te entusiasma hacer o lo que es más importante mantener. Consérvalas y elimina o cancela el resto.

3- Apúntate a una clase. Como eres nuevo en esto de seguir tu pasión, y dejar las cosas de lado para ti, puede ser una buena idea apuntarte a una clase relacionada con este campo en el que quieres trabajar. Debe ser una clase a la que vayas regularmente. El sentido de esto es ayudarte a acostumbrarte a un horario diferente o nuevo. Una ventaja es que conocerás a gente nueva que tiene los mismos intereses. Colaborar es siempre estupendo cuando se aprende algo nuevo.

4- Ten cuidado de no hacer cambios extremos de la noche a la mañana. Si esto es lo que quieres hacer, entonces hazlo de forma lenta y constante. No podrás aprender y conocer todo en poco tiempo. Se necesitarán años de experiencia y conocimientos para llegar a donde se quiere llegar. Asegúrate de que estás completamente preparado para lo que esta elección de carrera va a suponer para ti. Cuando estés completamente preparado, las tareas posteriores relacionadas con este trabajo no serán tan estresantes ni abrumadoras.

Ser optimista: Es importantísimo mantener el optimismo durante todo el proceso; esto nos ayudará a querer buscar y ejercer nuestra pasión una y otra vez.

Los beneficios de ser optimista: Las personas optimistas suelen tener más éxito, tanto en su vida personal como profesional.

El mayor éxito en el trabajo se debe a que tienen más energía y son más productivos. Un estudio relaciona el optimismo aprendido con una mayor productividad en las ventas.

Explicaba que la naturaleza de la venta es que incluso el

mejor vendedor fracasará mucho más que tendrá éxito, por lo que "las expectativas optimistas son fundamentales para el éxito", ya que ayudan al vendedor a superar los inevitables rechazos.

El pensamiento convencional es que el éxito genera optimismo, pero hay pruebas que demuestran lo contrario: una actitud y una mentalidad optimistas conducen al éxito. También, el estudio utiliza a un vendedor como ejemplo; en el momento en que un pesimista podría perder la esperanza y rendirse, un optimista perseverará y atravesará una barrera invisible.

La incapacidad de perseverar y tener éxito se suele malinterpretar como pereza o falta de talento. Se descubrió que las personas que se rinden con facilidad rara vez cuestionan su propia interpretación del fracaso o el rechazo. Los optimistas, en cambio, encuentran razones positivas para el rechazo y se esfuerzan por ser mejores. El aprendizaje del optimismo no sólo mejora la vida profesional.

Durante un estudio, se analizó equipos deportivos y descubrió que los equipos más optimistas creaban más sinergia positiva y rendían más que los pesimistas.

El optimismo también te permite ser expansivo. Te abre a nuevas ideas, nuevas experiencias y nuevas posibilidades. Te permite considerar nuevas opciones en todos los aspectos de tu vida, y cambiar tu vida para mejor.

Las personas optimistas son más felices porque se imaginan los acontecimientos positivos de forma más vívida y esperan que ocurran antes. Todo esto potencia el sentimiento de anticipación, que es mayor cuanto más placentero es el acontecimiento anticipado, cuanto más vívidamente podemos imaginarlo, cuanto más probable creemos que es que ocurra y cuanto antes ocurra. Por supuesto, tiene sentido que tener un sentimiento de esperanza y una actitud positiva sobre el futuro nos haga estar más contentos en el presente.

La idea en la que se basa el optimismo aprendido es que el optimismo, o el talento para la positividad, puede enseñarse y aprenderse cambiando conscientemente la autoconversión negativa por la positiva. Este estilo de entrenamiento cognitivo puede cambiar la forma de pensar, independientemente de los aprendizajes inconscientes o del condicionamiento social.

También es posible crear un entorno más optimista para uno mismo y para los demás: Esto se consigue dando un feedback optimista. El modo en que damos explicaciones a los demás por las cosas que les ocurren afecta a su estado de ánimo y a su productividad del mismo modo que nuestras propias explicaciones nos afectan a nosotros.

. . .

En otras palabras, los elogios optimistas deben ser personales, generales y permanentes. ("¡Has jugado muy bien, como siempre!" en contraposición a "¡El otro equipo ha jugado mal, has tenido suerte!") Del mismo modo, la crítica optimista debe ser impersonal, específica y temporal para que la gente mejore y crezca.

Al dar retroalimentación optimista, y alentar a otros a hacerlo también, puede crear un ambiente positivo y de alto rendimiento en el que todos prosperarán. Su comunidad y su cultura florecerán, y usted cosechará los beneficios junto con todos los demás.

Lo que hemos aprendido:

Varias señales en tu vida te demostrarán que has encontrado tu pasión.

Si has seguido haciendo algo que te gustaba cuando eras más joven, cuando la mayoría de la gente hace tiempo que lo ha dejado, es una gran señal de que esa cosa es tu pasión.

. . .

Presta atención cuando alguien te felicita por hacer algo bien. Esta es otra señal de que puedes haber encontrado tu pasión.

Que algo te resulte fácil no significa que no tenga valor.

Recuerda que lo que a ti te resulta fácil, a otros les puede resultar difícil, otra señal de tu verdadera pasión.

Sabes que has encontrado una pasión cuando estás decidido a descubrir más sobre ella.

Si el tiempo parece pasar volando mientras estás absorto en algo, es otra señal de que has descubierto tu pasión.

Puede que te derriben muchas veces mientras practicas algo, pero a diferencia de otras cosas, sigues intentándolo y no te rindes. ¡Eso es pasión!

Saca tiempo para tu pasión creando un horario para ello.

Aprende a decir "no" cuando otros intentan invadir el tiempo que has reservado para tu pasión.

· · ·

Apuntarse a una clase es una forma estupenda no sólo de programar tiempo para tu pasión, sino también de conocer a otras personas con ideas afines, como se sugirió en un capítulo anterior.

Sí, no hay que tener miedo al cambio, pero no hay que hacer demasiados cambios demasiado pronto. Tómatelo con un ritmo cómodo y, con el tiempo, se te abrirán las puertas.

¡Se optimista! esto te ayudará a encontrar y a buscar constantemente tu pasión.

Ahora, nuevas preguntas para que te hagas:

- Mi objetivo en un año es...
- ¿Qué puedo hacer para que mi pasión sea un elemento de mi vida?
- ¿Qué pasos debo dar para convertirme en uno con mi pasión?
- ¿Cuál es mi objetivo final?
- Si continúo, ¿dónde estaré dentro de 5 años? ¿10 años? ¿20 años?
- ¿Cómo me sentiré con esta pasión en mi vida?

Encontrar tu pasión es lo primero que puedes hacer para vivir una vida plena. Si sigues las instrucciones de este libro, de seguro que no te decepcionarás.

12

Las preguntas para hacerte una y otra vez

AHORA BIEN, hemos llegado al capítulo final. Ya tienes todas las herramientas posibles para que encuentres cuál es tu pasión y cómo experimentarlas e integrarlas en tu vida. Es decir, en este capítulo no se te otorgarán nuevas estrategias, sino que se resumirá en un solo apartado todas las preguntas que te has estado haciendo a través de cada capítulo de este libro. Esto responde, una vez más, al plan de ayudarte en este tu camino llamado vida. De esta forma no tendrás que regresar a cada capítulo para ver las preguntas correspondientes, sino que en este capítulo, el 11, las encontrarás todas.

Recuerda que este libro no es solo para leer; no te invitamos a la pasividad del lector que al terminar de leer algo inmediatamente lo olvida. No, en este libro se te invitó repetidas veces a una participación activa. Esta participación activa se encontraba al final de cada capítulo, en el apartado de preguntas. Tú, con tu cuaderno, al terminar la lectura de este libro, terminarás con una serie de ejercicios escritos en tu libreta. Y la cosa no acaba ahí.

Si con cada capítulo dabas un paso más a tu autoconocimiento, eso significa que los ejercicios que tengas respondidos en tu libreta nunca serán definitivos: la vida del ser humano se trata justamente de un autoconocimiento continuo y sincero.

Aunque parezca que quizás respondas lo mismo a un ejercicio ya resuelto; hazlo otra vez: se seguro te encontrarás con gratos resultados.

Este último apartado te va a ayudar a que consigas las preguntas con mayor rapidez y en un solo lugar, con el único afán de ayudarte en tu autodescubrimiento y autoconocimiento.

Veamos el ejemplo de Darío. Darío no tenía idea de cómo encontrar su pasión en la vida. Estudia en la universidad la carrera de comunicación. Esta carrera le ofrece muchas opciones laborales: periodismo, literatura, diseño, fotografía, cine, radio, edición; en fin, esta avalancha de opciones le abrumaban demasiado y le causaban ansiedad. Sentía que su tiempo se acababa y tenía que tomar una decisión a la de ya. Un amigo suyo cercano le recomendó este libro. Al principio, Darío renegaba un poco la utilización de un libro como ayuda en su vida y su pasión, pero al sentirse muy perdido, accedió.

Darío terminó encantado con el libro. Se dio cuenta de que no son cosas inventadas sin sentido, sino que son consejos y herramientas que han salido de las experiencias y vivencias de otras personas, muchas de las cuales comparten una situación similar a la de Darío. Cuando terminó la lectura y los ejercicios, se sentía segurísimo de encontrar cuál era su pasión.

Revisó su vida y se percató de su profundo amor por las películas desde niño. Estudiaría con mayor dedicación el cine. Inmediatamente se acerca a la teoría cinematográfica, consiguió libros, vio videos, se inscribió en diplomados de guionismo y empezó a investigar en dónde estudiar una maestría en cine.

Sin embargo, a causa de la vida diaria y cotidiana, volvió a dudar un poco de su autoconocimiento y, por lo tanto, de la pasión que había encontrado. Volvió a este libro, releyó sus capítulos favoritos y respondió otra vez a las preguntas reunidas en este último capítulo.

Se encontró con nuevas cosas: Darío estaba seguro otra vez por su pasión hacía el cine, pero ahora descubrió una cosa más. Ahora encontró que lo que más amaba del cine se concentraba en el guionismo. Ahora Darío quería ser guionista cinematográfico.

Así como Darío, es normal que dudas que elecciones y pensamiento que ya había supuesto por seguros.

Por eso es importante que te reconozcas una y otra vez: De seguro cada vez encontramos nuevos aspectos sobre ti y tu pasión. Es muy importante que nunca pierdas la constancia, el amor propio y tu visión sobre ti mismo. Y recuerda: ¡Es normal sentir dudas! Eso sí, ten en cuenta que cualquier duda puede ser superada, solo si te lo propones. Disfruta una vez más el camino por el cual te llevarán estas preguntas:

1. Para mí, una vida apasionada se parece a...
2. Cuando estoy viviendo una vida apasionada, me sentiré...
3. Las creencias limitantes que tengo son...
4. ¿Qué me frena?
5. Lo que más me gusta hacer es...
6. Los tres principales pasatiempos que tengo son...
7. En lo que destaco es...
8. Las causas que apoyo activamente son…
9. ¿Por qué quiere pagarme la gente?
10. La persona (o personas) con la que puedo compartir mis intereses es...
11. ¿Estoy haciendo lo que el mundo necesita?

12. ¿Qué es lo que más me motiva o impulsa a tener éxito?

13. ¿Cuáles son las cinco palabras que más me describen?

14. ¿Qué me hace único?

15. ¿Qué es lo que más valoro?

16. ¿En qué miento? ¿Por qué?

17. ¿Soy una persona que asume riesgos?

18. ¿Soy una persona paciente?

19. Cuando era niño, me gustaba...

20. Cuando era más joven, quería llegar a ser...

21. Ahora mismo, lo que me entusiasma es...

22. Pierdo la noción del tiempo cuando...

23. Me encanta leer, investigar o soñar despierto sobre...

24. Lo que más me divierte es...

25. Si pudiera hacer una cosa durante el resto de mi vida, ¿qué sería?

26. ¿Me encantaría? ¿Con qué facilidad me aburriría?

27. Si no existiera el dinero, ¿qué haría con mi tiempo?

28. ¿Qué me resulta fácil?

29. ¿Cuál es mi elemento?

30. ¿Cuáles son mis puntos fuertes naturales?

31. ¿Cuáles son mis puntos débiles? ¿En qué tengo que trabajar?

32. ¿Qué dicen los demás de mí?

33. ¿En qué me gusta ayudar a la gente?

34. ¿Qué me provoca?

35. Me hierve la sangre cuando pienso o hablo de...

36. Si se pudiera cambiar el mundo, lo primero que cambiaría es...

37. ¿Qué pasiones tengo que me provocan?

38. ¿Qué haría si no tuviera limitaciones?

39. ¿Qué es lo que he querido hacer, pero no lo he hecho por miedo?

40. ¿Qué pequeños pasos puedo dar ahora mismo para convertir mi pasión en una profesión?

41. ¿Cuáles son los diferentes campos que rodean mi pasión?

42. ¿Qué campo me interesa?

43. ¿En qué seré bueno?

44. ¿Qué habilidad de esta carrera que me apasiona se me daría bien?

45. ¿Qué es lo que deseo secretamente pero siento que no puedo tener o lograr? ¿Por qué?

46. Si no tuviera miedo de lograrlo, o si lo tuviera, ¿qué haría con él?

47. Si diera pasos ahora mismo, ¿dónde estaría dentro de cinco años?

48. Si no doy pasos para enfrentarme a mis miedos, ¿dónde estaré dentro de cinco años?

49. Si supiera que no hay posibilidad de fracasar, ¿cuál es el siguiente paso que daría?

50. Si tuviera la completa seguridad de que voy a tener éxito, ¿qué paso adelante daría?

51. Un nuevo deporte que puedo probar sería...

52. Un nuevo hobbie que me gustaría adoptar ahora es...

53. ¿Qué puedo hacer este fin de semana que esté fuera de mi zona de confort?

54. Un lugar al que me gustaría viajar es...
55. Un pequeño paso que puedo dar ahora para encontrar oportunidades de voluntariado es...
56. Lo que siempre he querido aprender es...
57. Mi objetivo en un año es...
58. ¿Qué puedo hacer para que mi pasión sea un elemento de mi vida?
59. ¿Cuáles son los pasos que debo dar para convertirme en uno con mi pasión?
60. ¿Cuál es mi objetivo final?
61. Si continúo, ¿dónde estaré dentro de 5 años? ¿10 años? ¿20 años?
62. ¿Cómo me sentiré con esta pasión en mi vida?

Conclusión

Este libro no sería posible sin tu lectura, así que se te agradece. Esperamos haberte ayudado a encontrar tu propósito, pero esto es sólo el principio. No debes detenerte aquí. Mantengamos el impulso. Cuando encuentres algo que te guste, no te detengas. No nos referimos sólo a la pasión, sino a todo. Cuando encuentres el propósito, el control, la confianza o el amor, sigue dando lo mejor de ti. Entrénate para ser excelente en todo lo que te propongas. Ten confianza en ti mismo y recompénsate. Sé resiliente y abraza un sinfín de posibilidades. No te detengas aquí, sigue adelante y coge otro libro de autoayuda. Sigue aprendiendo y sigue creciendo. Esa es una forma segura de permitirte ser feliz.

En general, una vez que estés listo para sumergirte en hacer tu vida mejor, siempre puede ser mejor. Sé optimista y no tengas miedo de ahuyentar esos demonios. Recuerda que el miedo y el fracaso son algo bueno, ya que te ayudarán a crecer en lo que eres ahora y en lo que vas a ser después.

Todo el mundo tiene un propósito, así que ten la mente abierta, sal ahí fuera y encuéntralo.

Esperamos que hayas aprendido algo nuevo de este libro. Esperamos que te vayas encontrando y poniendo en práctica las estrategias que se han discutido. Se te aconseja que guardes tus notas y las pongas en práctica todos los días a partir de hoy. Cuando sientas que llega el día en que estás desmotivado, simplemente relee este libro y haz todos los ejercicios. Ten en cuenta que nada llega a ti si primero no tomas la decisión de ir a por ello. Somos el producto de nuestro entorno. Depende de nosotros utilizar las habilidades que aprendemos en nuestra vida diaria. Depende de nosotros hacer de nuestra vida un verdadero modelo inspiración para los demás. También, depende de nosotros que nuestra vida sea tan ejemplar que merezca que se escriba en un libro y que se hable de ella. En realidad todas las personas son artistas: su mayor obra de arte es su vida misma.

No tengas miedo de ser un gran artista.

¡Arriesga y crea! Cada uno tiene un lugar es este gran museo que es el mundo. Cada persona tiene un espacio en este museo para depositar su obra. Es nuestra elección levantarnos y tener éxito. Sólo entonces encontraremos la paz interior y la satisfacción.